AF556596

THOMAS MÜLLER

FUNKTIONALE MÖBELGESTALTUNG FÜR BILDUNG UND BÜRO

DIE GESCHICHTE DER V/S 1898-2023

MIT EINEM NACHWORT VON
PHILIPP MÜLLER

WEISSE + ZOHLEN VERLAG

Inhalt

Briefkopf 1890

Briefkopf 1920

Logo 1965

Logo 1985

Logo 2024

Einführung

Die Firma VS Vereinigte Spezialmöbelfabriken GmbH & Co. KG wurde 1898 als Vereinigte Schulbankfabriken GmbH gegründet. Mehrere auf die Schulmöbelproduktion spezialisierte Unternehmen haben sich damals zusammengetan, um, wie man heute sagen würde, ihre Kompetenzen in der Produktentwicklung, Produktion und Vermarktung zu bündeln: Federführend waren dabei die in Tauberbischofsheim ansässige Firma Ramminger & Stetter, die Schulbankfabrik C. A. Kapferer in Freihung, Oberpfalz, die mit Gründung der VS die eigene Produktion einstellte, sowie die Firma meines Großvaters P. Johannes Müller. Seine „Werkstätten für Schuleinrichtungen" bestanden nach Gründung der VS weiter, übernahmen den Vertrieb der in Tauberbischofsheim hergestellten Schulbänke in Norddeutschland und spielten eine wichtige Rolle im Marketing der VS.
Trotz schwieriger wirtschaftlicher Rahmenbedingungen verzeichnete der Verband deutscher Schulmöbel- und Schultafelhersteller bereits im Jahr 1927 die VS als größte Schulmöbelfabrik Deutschlands. Hauptstandort der Produktion und der Geschäftsleitung ist bis heute Tauberbischofsheim. Nach dem Fall der Mauer1989 wurde die Berliner Niederlassung zuständig für den Vertrieb in den neuen Bundesländern. Heute ist die VS nahezu weltweit tätig, im Inland mit einer eigenen Vertriebsorganisation, im Ausland mit Händlern, aber auch mit Tochterunternehmen in den USA und in Frankreich. Als Komplettanbieter deckt die VS mittlerweile sowohl den Bereich Bildung als auch den Lebens- und Arbeitsraum Büro mit intelligenten Möbeln und integrativen Lösungen ab.
Die Anfänge des Unternehmens, aber auch seine weitere Entwicklung über 125 Jahre sind typisch für die Industrialisierung der Möbelproduktion in Deutschland vor dem Hintergrund von Kaiserzeit, Erstem Weltkrieg, Weimarer Republik, Weltwirtschaftskrise, Nationalsozialismus, Zweitem Weltkrieg und Nachkriegszeit über die Wiedervereinigung bis heute. Wie viele Unternehmen, die in den Jahren des wirtschaftlichen Aufschwungs um 1890 gegründet wurden, durchlebte die VS eine wechselvolle Geschichte mit Höhen und Tiefen. Dies betrifft und betraf die Mitarbeiter mit ihren Familien, den Standort Tauberbischofsheim ebenso wie die Gesellschafter. Im Rahmen dieses persönlichen Rückblicks auf die Firmengeschichte werde ich mich aber im Wesentlichen auf die Entwicklung des Unternehmens im engeren Sinn beschränken und versuchen, die Geschäftspolitik der jeweiligen Geschäftsführer zu beschreiben sowie als Ergebnis die Erfolge, aber auch die Fehlschläge vor dem Hintergrund der allgemeinen Wirtschaftslage und Marktentwicklung. Diese Chronik basiert auf den archivierten Unterlagen, die bei der VS vorliegen, zum Beispiel Geschäftsberichte, Aktennotizen, Pressemitteilungen, Prospekte etc. Eine erste und kurz gefasste Zusammenfassung der Firmengeschichte, die bis 1979 reicht, hat in der Zeit um 1980 Josef Boll erstellt, ein ehemaliger Verkaufsleiter der VS. Ergänzende Informationen zum Thema Schule und Pädagogik, insbesondere aus dem Zeitraum von 1898 bis 1920, sowie zur Zeitgeschichte fand ich in der Fachliteratur und im Internet. Weitere Hinweise, die bisher nicht dokumentiert waren, erhielt ich von meinem Vater Falk Müller, der von 1947 bis 1981 Geschäftsführer der VS war. Als sein Nachfolger von 1987 bis 2019 habe ich die neuere Geschichte der VS in diesem Zeitraum selbst erlebt. Seit 2016 ist mein Sohn, Philipp Müller, in vierter Generation Geschäftsführer der VS.

Bootshaus
Rudergesellschaft Wiking,
Berlin
Entwurf Wilhelm Rettig, 1895
gebaut 1897

Kaiser-Mannschaft 1890.
H. Konerding. O. A. Olsen. G. Schultz. P. J. Müller.
E. Schuster.

Siegermannschaft des Kaiser-Vierers
1890 in Berlin,
Schlagmann P. Johannes Müller (ganz rechts)
mit seinem zukünftigen Schwager O.A. Olsen
(zweiter von links)

Die Gründungsphase

P. Johannes Müller

Mein Großvater wurde 1863 in Dresden geboren, später zog die Familie nach Berlin, wo sein Vater Friedrich Müller eine Anstellung als »Rathssekretair« fand. Über seine Ausbildung wissen wir kaum etwas, allerdings meldete er später Patente und Gebrauchsmuster an und bezeichnete sich dabei als Architekt.

Paul Johannes Müller war erfolgreich im neu aufkommenden Rudersport, der schnell große Aufmerksamkeit erzielte. In seiner aktiven Zeit beim Berliner Ruderverein, dem seinerzeit erfolgreichsten Klub der Hauptstadt, war er einer der wichtigsten Athleten. 1890 siegte sein Vierer bei der renommierten Berliner Regatta in Grünau und er konnte den eigens vom deutschen Kaiser gestifteten Wanderpokal ent-

oben links
P. Johannes Müller
ca. 1915

oben rechts
Architekt
Wilhelm Rettig
ca. 1889

unten
Realgymnasium
Dresden
Entwurf W. Rettig
1891

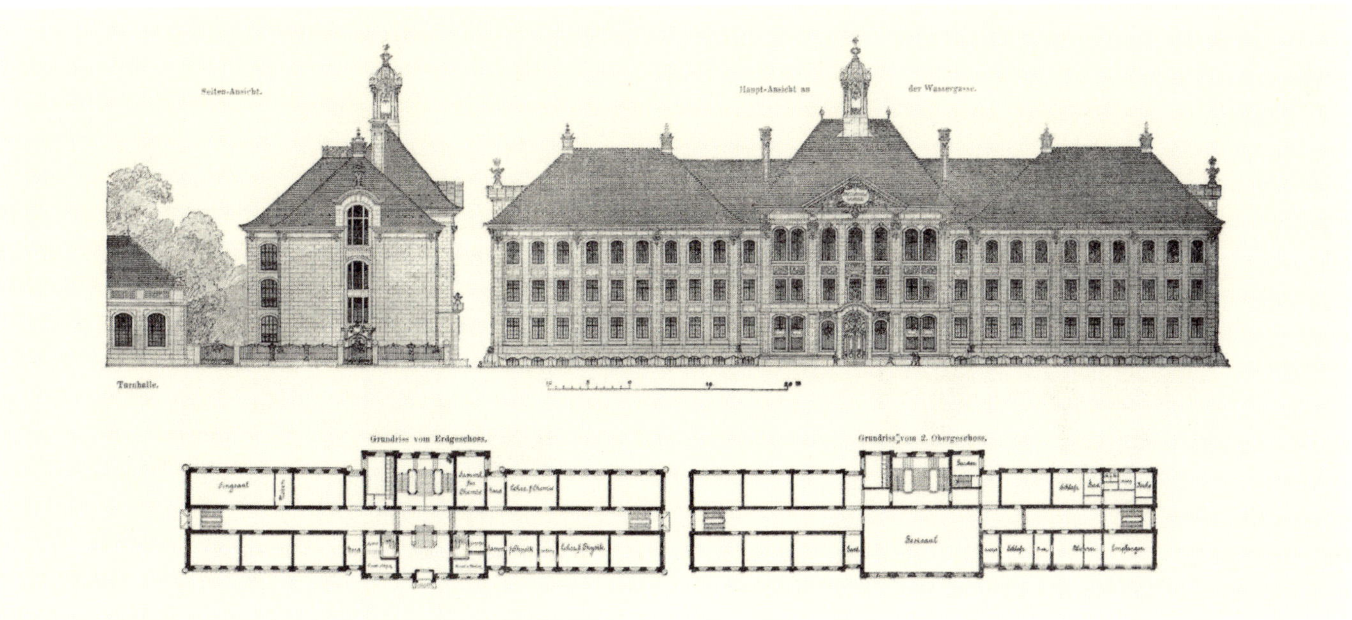

gegennehmen. Zu dieser Zeit war die Regatta bereits ein gesellschaftliches Großereignis. Der Kaiser verfolgte das Geschehen von seiner Jacht aus, während sich auf den Tribünen Tausende Zuschauer drängten.
Durch Ole Andreas Olsen, einen der Ruderkameraden des siegreichen Vierers, lernte er dessen Schwester Valborg kennen, die er 1900 heiratete. Erwähnenswert ist sein Engagement für den Rudersport auch über die eigene aktive Zeit hinaus. Bereits beim Berliner Ruderverein saß er im Vorstand und war zeitweise für das Training verantwortlich. 1912 nahm er als Delegierter der deutschen Mannschaft an der Olympiade in Stockholm teil, und zwar als »Ass. Secretary German Olympic Committee« an der Seite von Victor von Podbielski, dem Präsidenten der deutschen Delegation. Für seinen Einsatz erhielt er die »Medaille Commemorative« vom schwedischen König und den preußischen Roten Adlerorden IV. Klasse. In den Anfangsjahren war das Rudern ein elitärer Sport und mein Großvater konnte dort wichtige Kontakte knüpfen.
Der 18 Jahre ältere Wilhelm Rettig kann als sein Lehrmeister im Rudersport angesehen werden. Rettig, der selbst ein begeisterter Ruderer war, hat sich intensiv mit dem Bau von Rennbooten befasst und wichtige Innovationen für den Wettkampfsport eingeführt. 1896 war er einer der beiden Gründerväter der Rudergesellschaft Wiking e.V. Für diesen Verein entwarf er nicht nur ein stattliches Bootshaus, sondern betreute auch als Trainer die jeweils leistungsstärksten Mannschaften. Schließlich konnte er P. Johannes Müller gewinnen, diesem Verein beizutreten.

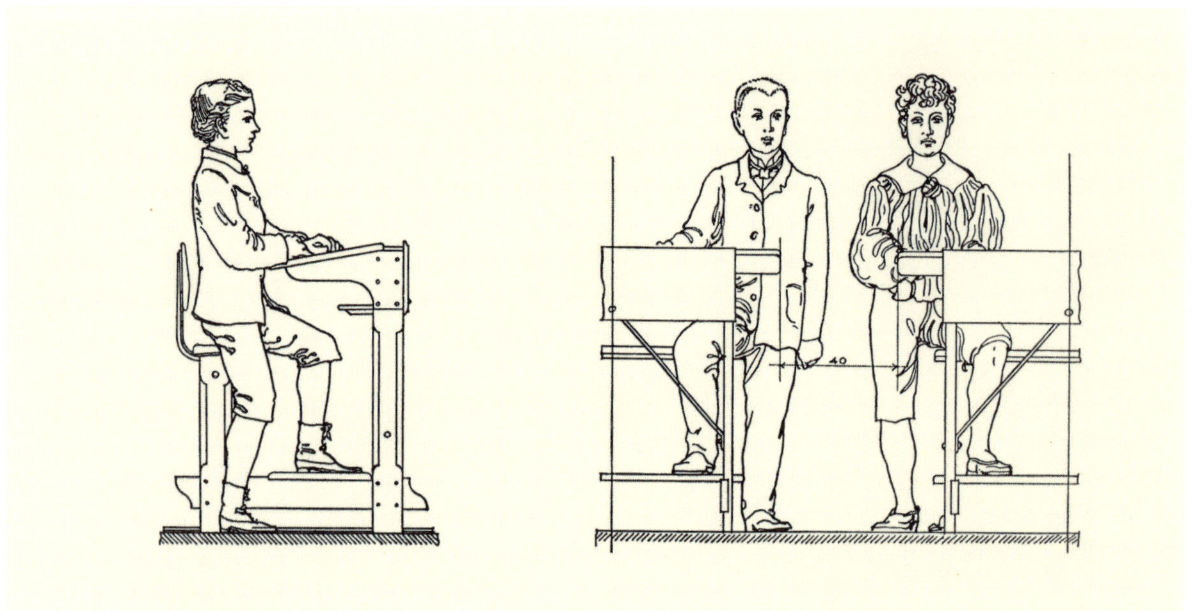

links
Abbildung aus:
Neue Schulbank
von W. Rettig, 1895

unten
Sitzen und Stehen
in der
Rettig-Schulbank

Wilhelm Rettig hatte an der Technischen Hochschule in Karlsruhe Architektur studiert und in Berlin bei den Architekten Ende & Böckmann gearbeitet sowie bei Paul Wallot, dem Architekten des Deutschen Reichstags. Beide Büros waren eine Durchgangsstation für wichtige moderne Entwerfer der nächsten Generation, die sich vom Historismus des 19. Jahrhunderts befreien wollten, zum Beispiel Hermann Muthesius. Von 1890 bis 1891 leitete Rettig das Stadtbauamt in Dresden und von 1891 bis 1894 war er Oberbaurat und Stadtbaumeister in München. In beiden Städten setzte er sich streitbar für eine behutsame Umgestaltung nach »künstlerischen« Gesichtspunkten im Sinne der Reformkultur ein, scheiterte jedoch letztlich am Widerstand der etablierten Kräfte. In Dresden entwarf er die Schule an der Silbermannstraße sowie das Realgymnasium in der Neustadt, das allerdings nicht realisiert wurde. Auch in München hat er sich mit dem Thema Schulbau befasst, und zwar ebenfalls mit der Inneneinrichtung der Klassenzimmer. In diesem Zusammenhang entwarf er 1893 eine bahnbrechende Weiterentwicklung im Bereich der Schulbänke, die nach ihm benannte Rettig-Bank.
P. Johannes Müller erkannte die Vorzüge der Rettig-Bank sofort und schlug ihrem Erfinder vor, eine Firma zu gründen, um diese Schulbank herzustellen und zu verkaufen. In einem Lizenzvertrag wurde Rettigs Erfindung entsprechend vergütet und im Gegenzug erwarb mein Großvater von ihm die Patentrechte über die gesamte Laufzeit des Patents bis 1908. Auf dieser Grundlage gründete er 1895 die Firma P. Johannes Müller, Werkstätten für Schuleinrichtung (im Folgenden: PJM) in Berlin-Charlottenburg, Spandauer Straße 10a.

Unterricht
mit der Rettig-Schulbank
PJM-Katalog, 1898

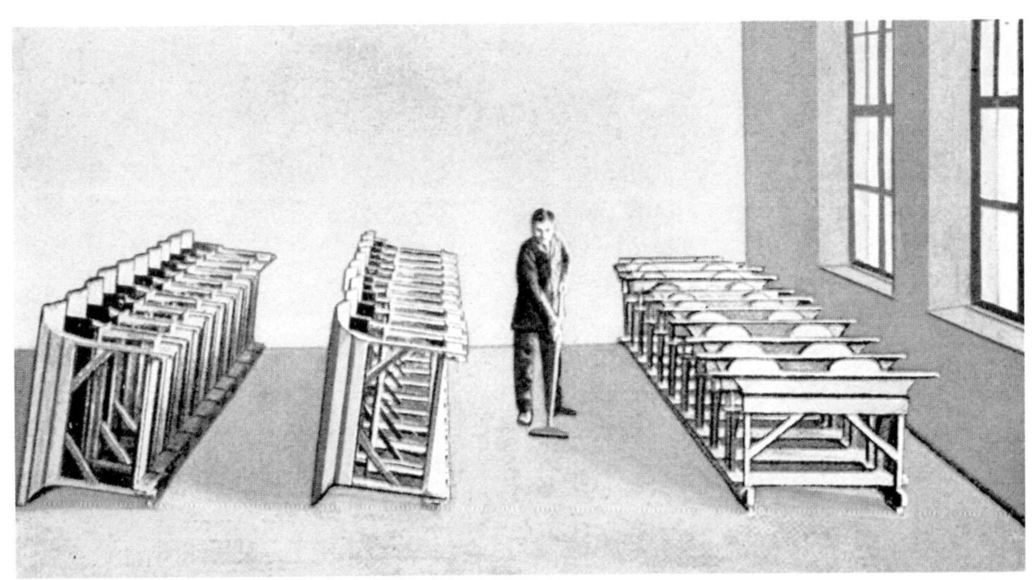

Das Reinigen
des Klassenzimmers
mit umgelegten
Rettig-Schulbänken
VS-Katalog, 1905

Im selben Jahr veröffentlichte Rettig seine Schrift *Neue Schulbank*, die seine Neuerung vor dem Hintergrund der bisherigen Literatur und der bereits bestehenden Schulbanksysteme beschreibt; nicht zuletzt erwähnt er in diesem Zusammenhang den Beitrag von PJM bei der Entwicklung der Rettig-Bank. Wilhelm Rettig veröffentlichte diese Publikation im Verlag von Friedrich Wilhelm Büxenstein, mit dem er seinerzeit den Berliner Ruderverein und den Regattaverein gegründet hatte. Später wurden die Kataloge zu den Weltausstellungen 1905 in St. Louis und 1910 in Brüssel ebenfalls bei Büxenstein gedruckt.

Die Rettig-Schulbank zeichnete sich durch eine ganze Reihe von Vorteilen aus. Abgesehen von den Anforderungen an die Stabilität im Schulbetrieb, die eigentlich selbstverständlich sind, waren die hygienischen und pädagogischen Anforderungen im Vergleich zu den anderen Schulbanksystemen wesentlich besser erfüllt. Die Hygiene spielte wegen der häufigen Infektionskrankheiten damals eine besondere Rolle. Die Klassenzimmer mussten gründlich und einfach zu reinigen sein. Dies erreichte Rettig dadurch, dass sich seine Schulbank seitlich kippen ließ. Statt der Drei- oder Viersitzer, die bis dahin allgemein üblich waren, gelang es Rettig mit zweisitzigen Schulbänken, ebenso viele Schüler im Klassenzimmer unterzubringen. Ein weiterer Vorteil war, dass auf diese Weise jeder Schüler direkt an einem Gang saß. Deshalb war es nicht mehr erforderlich, durch die komplizierte Konstruktion von beweglichen Klappsitzen, Pendelsitzen oder Faltsitzen den Schülern zu ermöglichen, sich innerhalb der Schulbank zu erheben. Sie konnten für das Aufstehen einfach den Gang benutzen.

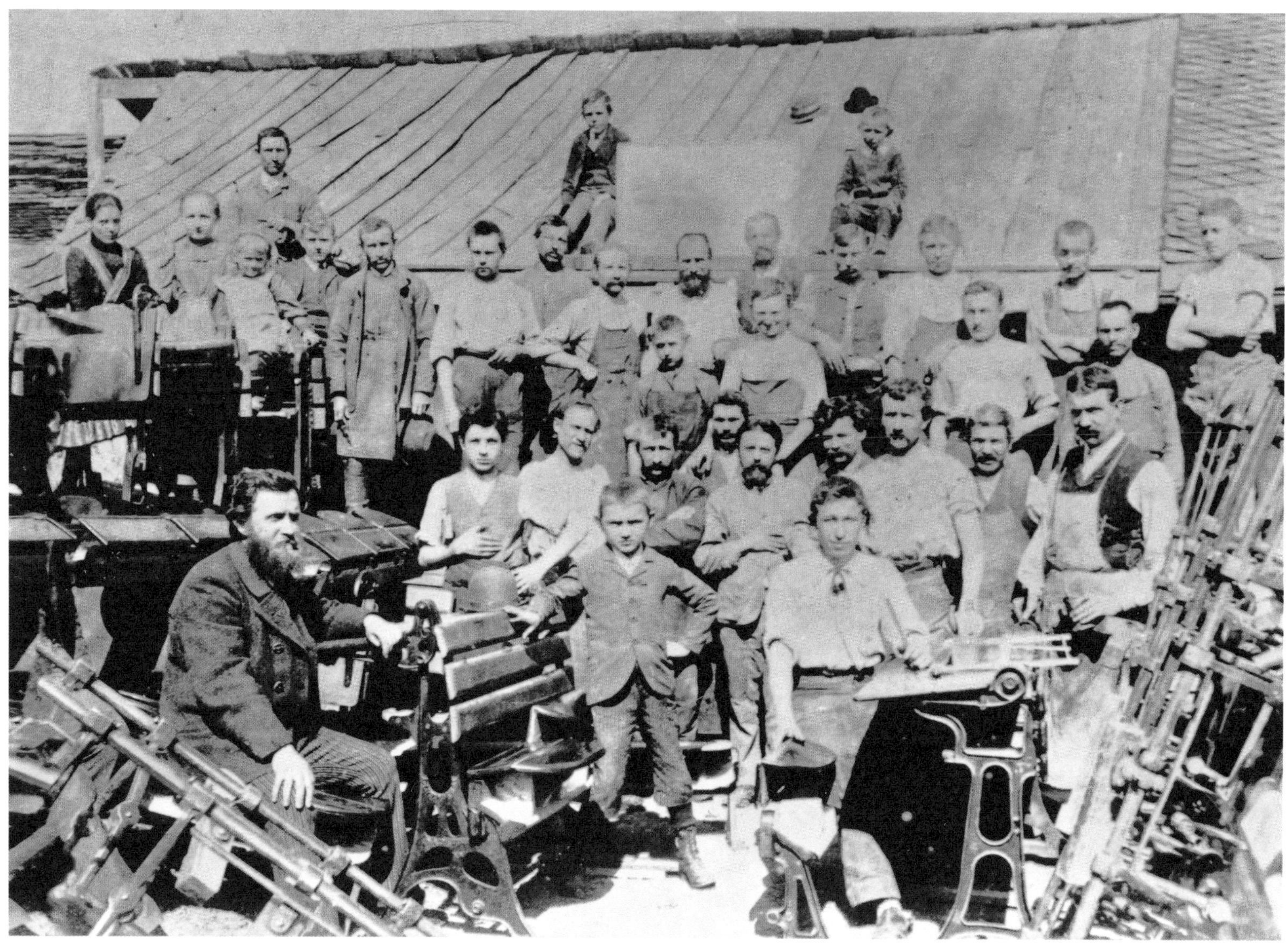

Albert Ramminger, ca. 1892
(vorne links sitzend)
mit Mitarbeitern und
seinem neunjährigen Sohn
Ernst Ramminger
(rechts von ihm)

P. Johannes Müller und Rettig gelang es, die führenden Hygieniker und Pädagogen ihrer Zeit auch außerhalb Berlins von der Rettig-Bank zu überzeugen. Bei einer Bemusterung 1896 in München schrieb der Hygieniker Prof. Max von Pettenkofer: »Alle Anwesenden haben nun wohl die Überzeugung gewonnen, daß die Rettig`sche Schulbank das System der Zukunft ist. Vom hygienischen Standpunkt aus ist mir nichts Besseres bekannt.« Der Reformpädagoge und Stadtschulrat Dr. Georg Kerschensteiner urteilte: »Herr Rettig hat an zwei Tagen seine neue Bank vorgestellt, und es ergab sich das einstimmige Urteil, daß die Bank im allgemeinen äußerst empfehlenswert ist.«
Das Interesse war geweckt und nach ersten Erfahrungen mit Lizenznehmern für die Herstellung der Rettig-Bänke suchte P. Johannes Müller nach Partnern für die serienmäßige Produktion und für den Vertrieb im süddeutschen Raum. Handelseinig wurde er schließlich mit den Firmen Ramminger & Stetter und C. A. Kapferer, die beide Erfahrung in der Fertigung von Schulbänken hatten.

Fabrik von
Ramminger & Stetter
ca. 1895
im Vordergrund:
Entladen von Brettern
vom Eisenbahnwaggon

Ramminger & Stetter

Albert Ramminger wurde 1851 in Esslingen als Sohn eines Kaufmanns geboren und kam 1876 als Gewerbeschullehrer nach Tauberbischofsheim. Da die Stadt jedoch relativ wenig Interesse an der Gewerbeschule hatte, fühlte Ramminger sich unterfordert und beschloss, Unternehmer zu werden. Bereits 1878 kaufte er in der Nähe des Bahnhofs am Wellenberg ein Gelände von 7.000 Quadratmetern, auf dem er in der Folgezeit mehrere Fabrikgebäude nach eigenen Entwürfen errichtete, eine Dampfmaschine als Antriebsquelle für Holzbearbeitungsmaschinen installierte, einen Brunnen bohrte sowie ein größeres von ihm selbst entworfenes Wohnhaus baute, das auch als Büro genutzt wurde. Als Lehrer mit den Verhältnissen in den Schulklassen bestens vertraut, gründete er mit seinem 1859 geborenen Schwager Konrad Stetter die Schulbankfabrik Ramminger & Stetter. Die Gewerbeanmeldung erfolgte am 20. Mai 1890 als Dampfschreinerei und nach erfolgter Genehmigung begann der Betrieb am 1. Juli mit zwei weiteren Schreinergesellen. Im selben Jahr entwickelte Ramminger den Columbus-Klappsitz für Schulbänke, wofür er ein Reichspatent erhielt. Die Investitionen allein in das Fabrikgebäude sowie Maschinen und Anlagen betrugen 40.000 Mark. Hinzu kamen die Ausgaben für das Wohn- und Bürohaus und die Grundstücke. Insgesamt eine beachtliche Investition, wenn man zum Vergleich die in unmittelbarer Nähe gelegene evangelische Kirche heranzieht, die wenig später gebaut wurde und einschließlich Inneneinrichtung, Orgel und Glocken 48.000 Mark kostete.

Modell A¹F.

D. R. P.

Schulbank mit beweglichem Einzelsitz „Columbus“ D. R. P., fester Tischplatte und eisernen Seitenteilen, Tisch- und Sitzgestell getrennt auf **einer** Hartholzschwelle montiert (Vollbanksystem). Jede Schulbank ist unabhängig von einer anderen für sich benützbar, daher können in der Klasse jederzeit Auswechslungen etc. vorgenommen werden. Die hintere Bank bildet die Rücklehne für die davorstehende und nur die letzte einer Reihe (Schlussbank) bekommt eine besondere Rücklehne, wodurch in der Tiefe **sehr viel Raum gespart** wird und die Anschaffungskosten bedeutend kleiner werden.

PREIS-TABELLE.

Tisch-Platte	2sitzige Bänke Grösse No.			3sitzige Bänke Grösse No.			4sitzige Bänke Grösse No.		
	I. II.	III. IV.	V. VI.	I. II.	III. IV.	V. VI.	I. II.	III. IV.	V. VI.
	ℳ	ℳ	ℳ	ℳ	ℳ	ℳ	ℳ	ℳ	ℳ
Tannenholz	21.—	21.50	22.—	26.25	27.—	27.75	31.50	32.50	33.50
Eichenholz	22.50	23.—	23.50	28.50	29.25	30.—	34.50	35.50	36.50
Rücklehne extra	3.—	3.—	3.—	3.50	3.50	3.50	4.—	4.—	4.—

Mit „Wechselschwelle Columbus“ (Seite 5 und 7) pro Schulbank mehr Mk. 2.—
„ Pultklappe K (Seite 21) „ „ „ „ 1.75.

Bezugsbedingungen:

1) Die Preise verstehen sich **ab Fabrik, zahlbar bei Empfang ohne Abzug** bei Bezug von 50 oder mehr Sitzen auf einmal, bei kleineren Bestellungen entsprechender Zuschlag,
2) Tischplatten, Rückwände etc. sind, wenn nicht anders vereinbart, aus Weichholz mit 3maligem Ölfarbenanstrich, die Schwellen aus Hartholz.
3) Der Versand erfolgt auf Rechnung und Gefahr des Empfängers; etwa nötig werdende Verpackung zum Selbstkostenpreis.

Vollholz-Schulbank
von Ramminger & Stetter
mit Columbus-Sitz

links
Gußeiserne Schulbank
mit Columbus-Sitz
ca. 1891

Während Albert Ramminger als technischer Zeichner und Experte für Bau- und Möbelschreinerei für die Produktion verantwortlich war, übernahm Konrad Stetter den Vertrieb und die Buchhaltung. Zunächst entwickelte sich die Firma gut und beschäftigte 20 bis 25 Mitarbeiter. Gelegentliche Auftragsschwankungen konnten durch Aufträge in der Bauschreinerei ausgeglichen werden, zum Beispiel wurden alle Kirchenbänke der neu gebauten evangelischen Kirche in Tauberbischofsheim hergestellt.

Dennoch dürfte der Anfang insgesamt schwierig gewesen sein. Ernst Ramminger, der Sohn von Albert, schrieb später: »Es waren sehr harte Jahre.« Ramminger und Stetter suchten daher nach einem Partner und fanden ihn in C.A. Kapferer, der gute Geschäfte in der Baustoffindustrie machte und ergänzend eine Schulbankfabrik gegründet hatte. Kapferer wurde ab 1892 stiller Gesellschafter bei Ramminger & Stetter und erwarb von ihnen die Lizenz zur Herstellung des Columbus-Sitzes.

Der Columbus-Sitz von Albert Ramminger sollte einige Jahre vor der Rettig-Bank das Problem lösen, dass in der vergleichsweise starren Schulbank im Sitzen zugehört und geschrieben wurde, während es aber zugleich möglich sein sollte, dass ein Schüler aufstand, zum Beispiel wenn er dem Lehrer antwortete. Diese Anforderung war nur zu erfüllen, wenn zwischen den Vorderkanten von Tischplatte und Sitz eine ausreichende Distanz bestand, was zwangsläufig dazu führte, dass die Schüler bei der Schreibhaltung zu weit vom Tisch entfernt saßen und dadurch eine aus orthopädischer Sicht schlechte Haltung einnahmen. Dieses Dilemma löste Ramminger durch einen beweglichen Sitz, der nach hinten

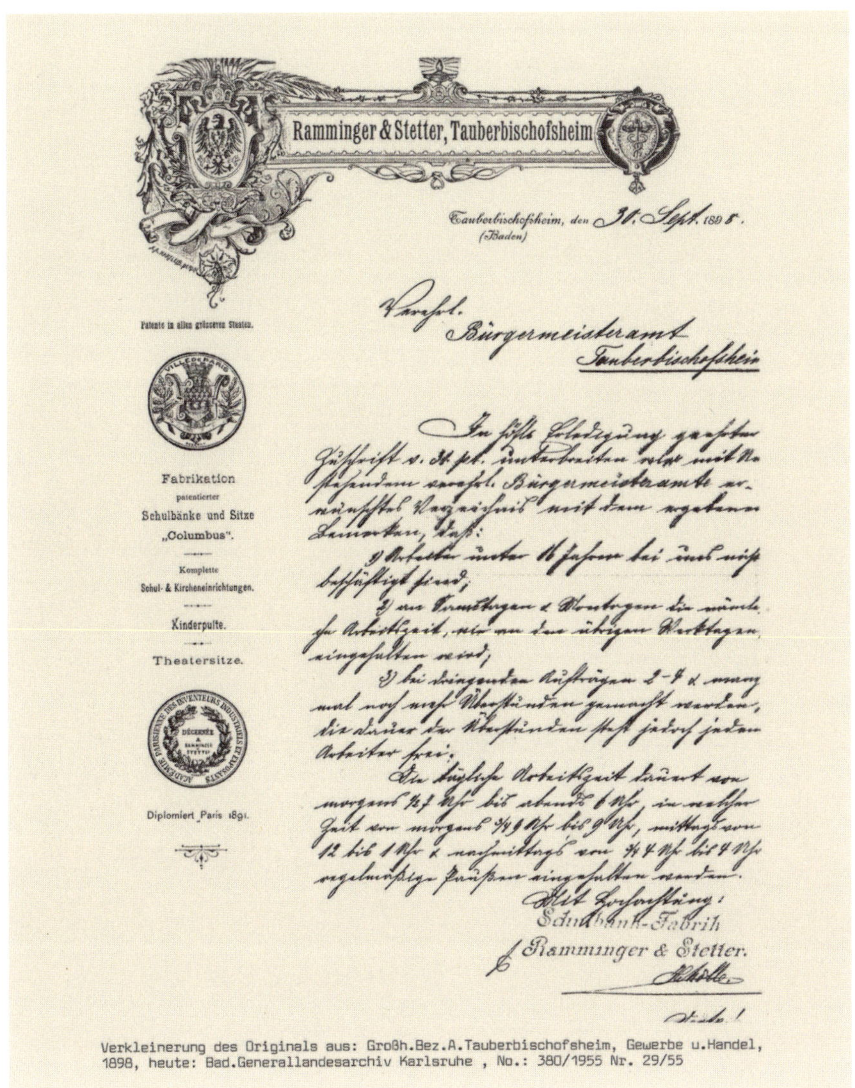

Ramminger & Stetter, Tauberbischofsheim

Tauberbischofsheim, den 30. Sept. 1898.
(Baden)

Patente in allen grösseren Staaten.

Fabrikation patentierter Schulbänke und Sitze „Columbus".

Komplette Schul- & Kircheneinrichtungen.

Kinderpulte.

Theatersitze.

Diplomiert Paris 1891.

Verehrl.
Bürgermeisteramt
Tauberbischofsheim

Mit Hochachtung!
Schulbank-Fabrik
Ramminger & Stetter.

Verkleinerung des Originals aus: Großh.Bez.A.Tauberbischofsheim, Gewerbe u.Handel, 1898, heute: Bad.Generallandesarchiv Karlsruhe , No.: 380/1955 Nr. 29/55

»In höflicher Erledigung geehrter Zuschrift ... unterbreiten wir ... mit dem ergebenen Bemerken, daß 1. Arbeiter unter 16 Jahren bei uns nicht beschäftigt sind, 2. an Samstagen und Montagen die nämliche Arbeitszeit, wie an den übrigen Werktagen eingehalten wird, 3. bei dringenden Aufträgen 2 – 7 und manchmal auch mehr Überstunden gemacht werden, die Dauer der Überstunden steht jedoch jedem Arbeiter frei. Die tägliche Arbeitszeit dauert von morgens ½ 7 Uhr bis abends 6 Uhr, in welcher Zeit von morgens ¾ 9 Uhr bis 9 Uhr, mittags von 12 bis 1 Uhr und nachmittags von ¾ 4 Uhr bis 4 Uhr regelmäßige Pausen eingehalten werden.«

Briefkopf von Ramminger & Stetter
Anschreiben an
die Stadt Tauberbischofsheim
1898

klappte. Beim Aufstehen gab es auf diese Weise genügend Platz. Beim Sitzen und Schreiben hingegen war der heruntergeklappte Sitz nahe genug an der Tischplatte, um eine aufrechte Haltung einzunehmen. Üblicherweise wurden die Columbus-Bänke als Drei- oder Viersitzer ausgeführt. Auf der Erfindermesse 1891 in Paris erhielt die Firma Ramminger & Stetter hierfür die »Große Goldmedaille«. Allerdings gab es neben Rammingers Erfindung ab 1890 circa 30 weitere Konstruktionen unterschiedlicher Hersteller, die sich ebenfalls mit diesem Problem befasst hatten. Auch wenn der Columbus-Sitz vom Konzept her überzeugen konnte: Der Mehrpreis für die Klappmechanik war eine Hürde, die größere Stückzahlen verhinderte.
Wie Konrad Stetter feststellte, gab es darüber hinaus weitere gravierende Schwierigkeiten, die das Lebenswerk von Ramminger und Stetter infrage stellten. Die Betriebsgebäude waren zu eng und die Produktivität entsprechend mangelhaft, außerdem reichte die Kapitaldecke nicht aus, um zusätzliche dringende Investitionen umzusetzen. 1897 gelang es C. A. Kapferer, die beiden Inhaber zu überzeugen, dass nur eine Fusion mit weiteren Fabrikanten den bisherigen Bestand sichern konnte.

C. A. Kapferer

Der 1860 geborene Carl August Kapferer war bereits als junger Unternehmer erfolgreich und hatte sich mit seiner Firma Terranova in Freihung in der Oberpfalz ein solides Geschäft mit der Herstellung von Baustoffen und insbesondere Trockenmörtel aufgebaut. Über die Hintergründe, die 1895

Mitarbeiter und Lehrlinge
der VS vor der evangelischen Kirche
Tauberbischofsheim, 1898

zur Gründung seiner Schulbankfabrik führten, wissen wir nichts. Kapferer fungierte gegenüber Ramminger & Stetter als Berater und Geldgeber. Bereits 1892 beteiligte er sich als stiller Teilhaber an ihrer Firma. Innerhalb der Vereinigten Schulbankfabriken übernahm er dann die Leitung der Gesellschafterversammlungen und moderierte mit viel Geschick die unterschiedlichen Interessen der einzelnen Gesellschafter. Nach seinem Tod übernahm sein Sohn Dipl.-Ing. Carl Kapferer 1931 seine Aufgaben. 1952 verkaufte die Familie Kapferer ihre Anteile komplett an die anderen Gesellschafter.

Vereinigte Schulbankfabriken

Am 15. Mai 1898 nahm die neue GmbH unter dem Namen Vereinigte Schulbankfabriken ihren Betrieb auf. Aus Vertriebsgründen wurde Stuttgart als Firmensitz gewählt, Tauberbischofsheim blieb aber nach wie vor der Standort der Fabrik und damit der Kern der neu gegründeten Firma. Für den Vertrieb in Bayern wurde eine Niederlassung in München eingerichtet. Am Vortag der Gründung beendeten die Firma Ramminger & Stetter sowie die Bayerischen Schulbankfabriken C. A. Kapferer ihre Geschäftstätigkeit und ihre Aktiva gingen auf die VS über.
Die Werkstätten für Schuleinrichtung von P. Johannes Müller blieben weiter bestehen. Allerdings brachte mein Großvater die Rettig-Patente als Lizenzgeber ein und bezog zukünftig

P. P.

Hiedurch zeigen wir ergebenst an, dass unsere Schulbankgeschäfte (Rettigbank-Fabrikation nur für Süddeutschland) an die Firma:

Vereinigte Schulbankfabriken G. m. b. H. Stuttgart

übergegangen sind und künftighin alle bei uns einlaufenden Anfragen, Bestellungen etc. durch diese Firma ihre Erledigung finden werden.

Wir sagen für das uns geschenkte Vertrauen hiermit höflichen Dank und bitten dasselbe auch auf unsere Nachfolger übertragen zu wollen.

Dezember 1898. Hochachtungsvoll

Stuttgart-T^r Bischofsheim: Ramminger & Stetter

Freihung i. Oberpfalz: Bayer. Schulbankfabrik C. A. Kapferer

Leipzig: Karl Müller & Co.

Stolzenberg b. Salmünster: Carl Anselm jr.

Berlin: P. Joh^s. Müller & Co.
(Inhaber der Rettigbank-Patente).

No. 23. 12. 98. 4T.

Kundeninformation
von Ramminger & Stetter
über die Fusion zur Firma
Vereinigte Schulbankfabriken
1898

Achtfach gestapelte
Rettig-Bänke
vor der Auslieferung

Schulbänke und anderes Schulmobiliar von der VS, da er in seinen Werkstätten in Berlin nur über begrenzte Kapazitäten verfügte.
Neben diesen drei hauptsächlichen Herstellern beteiligten sich noch zwei weitere Unternehmen in geringerem Umfang an der VS. Die Firma Carl Anselm, auch bekannt als Stolzenberger Büromöbelfabrik, die bisher Schulbänke als Lizenzprodukte von P. Johannes Müller fertigte, stellte ihre Produktion ein, übergab noch offene Aufträge an die VS und trug Kapital bei. Die Firma »Fröbelhaus« Carl Müller in Leipzig, die als Handelshaus Schulbänke von Ramminger & Stetter verkaufte, beteiligte sich ebenfalls an der VS. Einschließlich der Anteile weiterer Geldgeber betrug das Stammkapital, das die genannten Firmen einzahlten, 220.000 Mark. Geschäftsführer wurden Albert Ramminger, zugleich Betriebsleiter in Tauberbischofsheim, und Konrad Stetter in Stuttgart für den kaufmännischen Bereich.
Die Rettig-Bank wurde im Zuge der enormen Nachfrage nach Schulmöbeln für die schnell wachsenden Großstädte sehr bald zum erfolgreichsten Schulbanktyp in Deutschland. Was das gesamte Erscheinungsbild und die hergestellten Produkte betrifft, nahm P. Johannes Müller maßgeblichen Einfluss auf die VS. Die Geschäftsleitung der VS in Tauberbischofsheim besorgten allerdings die anderen Teilhaber.
Weitere Firmen und Personen waren zwischen 1898 und 1952 Teilhaber, ohne jedoch dauerhaft größeren Einfluss nehmen zu können. Dazu zählen neben den genannten Firmen Carl Anselm und Carl Müller: Eugen d'Orville, ein Geschäftspartner von C. A. Kapferer, von 1924 bis 1952 der Fürst von Leiningen sowie Hanns Dippold als Leiter der VS-

Fabrikansicht am Bahnübergang
ca. 1920
links davon: Wohnhaus
von Ramminger & Stetter
gebaut 1882

Verladung
von gusseisernen
Schulbänken
für den Transport
zum Bahnhof
ca. 1895

Niederlassung in München ab 1924. Zum heutigen Zeitpunkt sind an der VS die Familie Müller als Nachfolger von P. Johannes Müller, die Familie Ramminger als Nachfolger von Albert Ramminger und die Familie Metzner als Nachfolger von Hanns Dippold beteiligt.

Die Anfangsjahre

Noch während der Zusammenführung der Maschinen, der Lager- und Warenbestände, die zum Teil von der Bayerischen Schulbankfabrik nach Tauberbischofsheim gebracht werden mussten, traf die neu gegründete Firma ein harter Schlag. Albert Ramminger starb am 26. Juni 1898, noch nicht 47 Jahre alt. Damit fiel der Betriebsleiter aus, der bisher allein alle Entscheidungen für den Betrieb in Tauberbischofsheim geplant und umgesetzt hatte. Kapferer hatte eigens für die Zusammenführung der zwei Produktionsbetriebe einen fähigen Betriebswirt namens Hermann Mölle nach dorthin versetzt. Dem 27-Jährigen wurde nun die Betriebsleitung anvertraut, mit der Auflage, sich mit 10.000 Mark an der VS zu beteiligen. Mölle blieb dann bis zu seinem 70. Geburtstag 1941 Betriebsleiter der VS.
Die nach der Fusion verbesserte Kapitalausstattung wurde sogleich für eine Fabrikerweiterung genutzt, um die Aufträge für Rettig-Schulbänke abwickeln zu können, und damit stieg auch die Anzahl der Mitarbeiter von 20 im Jahr 1898 auf 65 im Jahr 1899.
Aufgrund der damaligen technischen Rahmenbedingungen bestanden aber auch etliche Hemmnisse: Elektrischer Strom, erzeugt von einer betriebseigenen Lokomobile, war nur

beschränkt verfügbar und viel öfter aus. Überwiegend wurden die Holzbearbeitungsmaschinen über Riemen direkt von der Lokomobile angetrieben und mussten daher in deren unmittelbarer Nähe aufgestellt werden. Der Versand der Schulmöbel zu den Kunden war aufwendig und langwierig. Die VS lag zwar am Bahnhof, hatte aber keinen eigenen Gleisanschluss. Daher mussten die Möbel zunächst mit dem Pferdefuhrwerk zum Güterbahnhof gebracht, dort verladen und gegen Transportschäden gesichert werden. Derselbe Aufwand entstand am Zielbahnhof. Hier wurden die Möbel auf Fuhrwerke umgeladen und anschließend zur Schule transportiert. In Anbetracht des relativ niedrigen Preises der Schulbänke, die pro Stück circa 28 Mark kosteten, waren größere Transportstrecken oft unwirtschaftlich, und es war eine Herausforderung, zum Beispiel Kunden von PJM in Preußen von Tauberbischofsheim aus zu beliefern. Ähnliche Probleme hatten die Verkäufer, die für die VS unterwegs waren, um ihre Kunden zu besuchen. Kunden mit größeren Bedarfen in den Städten wurden vorrangig persönlich besucht. Aber erst ab 1925 wurden die Mitarbeiter in den Niederlassungen Stuttgart und München sukzessive mit Motorrädern ausgestattet. Den ersten Pkw erhielt Hanns Dippold, allerdings erst 1929 als Gesellschafter der VS und Leiter der Niederlassung München.

Von der Gründung bis zum Ersten Weltkrieg erlebte die VS einen ständigen Wechsel von wenigen relativ guten und überwiegend schwierigen Geschäftsjahren. Schon 1900 kam es weltweit zu einem Konjunktureinbruch, der bis 1902 andauerte. Aufgrund der Steuerausfälle gingen die Aufträge aus öffentlicher Hand und damit in gleichem Maße die Beschäftigtenzahlen bei der VS zurück. Erstmalig musste sich die Geschäftsführung mit einem Problem auseinandersetzen, das bis heute aktuell geblieben ist: Inwieweit kann ein weiteres Geschäftsfeld helfen, temporären Auftragsmangel bei der Schulmöbelproduktion auszugleichen?

C. A. Kapferer besorgte ein Schweizer Patent für einen klappbaren Tisch, der es Kranken ermöglichte, im Bett zu essen. Technisch konnte die VS den »Patent-Tisch« produzieren, aber der Vertrieb an den Endkunden scheiterte. Es fanden sich kaum Möbelhändler, die bereit waren, dieses Produkt zu verkaufen. Die Herstellung musste wieder eingestellt werden, der hohe Kaufpreis für das Patent von 10.000 Mark und die Kosten für die Markteinführung waren verloren. Die VS musste wieder versuchen, allein mit dem Kerngeschäft Schuleinrichtungen die Rezession der Jahre 1900 bis 1902 zu überwinden.

Atmosphärisch beschreibt Konrad Stetter die Situation recht gut in seinem 1903 gehaltenen Vortrag »Quer durch die Schulbankfrage«. Hierbei greift er zurück auf das Zitat »Wen die Götter hassen, den machen sie zum Schulmann« (Karl Philipp Moritz) und wendet es auf seine Situation an: »Wen die Götter hassen, den machen sie zum Schulbank-Fabrikanten! So darf das alte Wort heutzutage wohl mit Fug und Recht umgeprägt werden, denn es gibt wohl wenig Gegenstände des täglichen Gebrauchs, die so viel Kopfzerbrechen verursachen, wie die Schulbank. An dieselbe werden heutzutage eine Reihe von Anforderungen gestellt, deren Verwirklichung in ihrer Gesamtheit eine der schwierigsten technischen Aufgaben in sich begreift, weil sie nicht nur im Einzelnen schwer erfüllbar sind, sondern auch sich häufig geradezu gegenseitig ausschließen.«

Den enttäuschten Gesellschaftern präsentierte dann P. Johannes Müller einen Vier-Punkte-Plan, um die Krise zu bewältigen: 1. Die VS konzentriert sich wieder auf das Schulmöbelgeschäft, aber perfektioniert es durch konsequente Verbesserung aller erkannten Schwachpunkte, statt auf andere Geschäftsfelder auszuweichen. 2. Die VS erweitert das Produktprogramm auf die gesamte Schuleinrichtung, statt ausschließlich Schulbänke anzubieten. 3. Die VS investiert nochmals in Gebäude und Maschinen, um kostengünstiger und qualitativ hochwertiger zu produzieren. 4. Die VS verbessert das gesamte Erscheinungsbild auf Messen und in Katalogen, um sich deutlich von der Konkurrenz abzuheben. Die Gesellschafter nahmen diese Vorschläge an und die Geschäftsleitung änderte den Firmennamen von »Vereinigte Schulbankfabriken« zu »Vereinigte Schulmöbelfabriken«. P. Johannes Müller besorgte die Umsetzung des gesamten Erscheinungsbildes der VS. Ab sofort waren alle Kataloge, Preislisten und Messestände fast identisch mit denen der Firma PJM.

Die schwierigen Jahre bis 1902 konnten dann noch einigermaßen unbeschadet überwunden werden und es wurde immerhin ein kleiner Gewinn erzielt. Von 1903 bis 1907 verbesserte sich die Situation deutlich und der Umsatz stieg auf circa 300.000 Mark, was sowohl auf die Maßnahmen der Geschäftsleitung als auch auf die bessere Nachfrage zurückzuführen war. Allein bis 1904 bestellte die Stadt München 20.000 und die Stadt Nürnberg 24.000 Schülersitzplätze. In Berlin und vielen weiteren Städten und Gemeinden erkannte man ebenfalls die Vorteile der Rettig-Bank. Sie wurde unangefochten die Nummer eins im Wettbewerb. Die VS gewann an Ansehen in der Schulmöbelindustrie und Konrad Stetter wurde zum Vorsitzenden des Fachverbandes der Schulmöbelindustrie gewählt.

Etliche Nachahmungen des Rettig-Patentes erschwerten das Tagesgeschäft, aber P. Johannes Müller bekämpfte diese Patentverletzungen konsequent und scheute sich nicht, die Namen der Nachahmer, die in den Unterlassungsurteilen benannt wurden, in der Fachpresse zu veröffentlichen. Mit Sorge sah man allerdings dem Ende der Patentlaufzeit 1908 entgegen. Dem konnte mein Großvater im großen Ganzen entgegenwirken. Für die Wechselschiene der Schulbank erfand er eine deutliche Verbesserung, die patentiert wurde, außerdem trug er auf den Namen »Rettig« ein Markenzeichen amtlich ein und nicht zuletzt wurden von PJM alle Beschläge aus Gusseisen wesentlich kostengünstiger konstruiert und produziert. Aus heutiger Sicht würde man diese Managementmethoden als »kontinuierlichen Verbesserungsprozess« beziehungsweise »Produktpflege« bezeichnen.

Im Verkaufsgebiet von PJM war der Geschäftsgang in den Jahren 1908 und 1909 durch Schulbauprogramme recht gut und infolgedessen partizipierte auch die VS an diesem Erfolg, aber im Süden musste ein größerer Umsatzrückgang verkraftet werden. Zusammengenommen betrug die Umsatzeinbuße 20 Prozent. Ab 1910 bis 1913 war die Beschäftigung wiederum ganzjährig sehr gut. Insgesamt betrachtet stieg der Umsatz auf 427.000 Mark im Jahr 1913.

Klassenschrank, Wandtafel,
Lehrerpult und Lehrerstuhl
Entwurf
Richard Riemerschmid
PJM-Katalog, 1906

P. Johannes Müller als Pionier des hochwertigen Designs

In Deutschland wurden Schuleinrichtungen von VS im Süden und PJM im Norden auf allen wichtigen Messen gezeigt. Besondere Anerkennung fand durch einen Großen Preis das Muster-Klassenzimmer auf der Ausstellung der Dresdener Werkstätten für Handwerkskunst in Dresden 1903, gestaltet von Richard Riemerschmid, dem späteren Begründer des Deutschen Werkbundes und der Deutschen Werkstätten in Hellerau, zu dem mein Großvater offenbar bereits zu dieser Zeit Kontakt hatte.

Bestärkt durch die ersten Erfolge, plante P. Johannes Müller, auch im Ausland Schuleinrichtungen anzubieten. Von großer Bedeutung waren damals für den Markteintritt die Weltausstellungen, insbesondere 1904 in St. Louis, USA, und 1910 in Brüssel, weil beide Ausstellungen Musterschulräume aus verschiedenen Nationen zeigten. PJM erhielt in St. Louis die Goldmedaille und in Brüssel den Großen Preis. Bei seinem Besuch in St. Louis konnte mein Großvater erstmalig die amerikanischen Schulmöbel begutachten. Mit der Grand Rapids School Furniture Company, die später in American Seating umbenannt wurde, schloss er einen Lizenzvertrag ab und importierte deren gusseisernen Teile nach Berlin, wo die Schulmöbel dann für den deutschen Markt komplettiert wurden. Zwar waren die Schulbänke für Klassenzimmer kein großer Erfolg, aber die Hausschülerpulte konnten in größeren Stückzahlen verkauft werden.

Die Brüsseler Weltausstellung fand wegen der geografischen Lage mehr Beachtung in Deutschland und Europa,

Mittelholm-Schulbank
von PJM
im Film *Mädchen in Uniform*
mit Romy Schneider
1958

SPD-Parteischule
mit PJM-Albis-Bänken
Eröffnung 1909
Obere Reihe
Zweiter von rechts:
August Bebel

Weltausstellung
Brüssel
1910
Saal für Zeichnen und Naturwissenschaften
Von PJM
Entwurf
Bruno Paul

unten links
Original-Gussteil aus den USA: Grand Rapids School Furniture Company mit der Abdeckplatte von PJM

unten
Amerikanisches Schulbanksystem von PJM
ca. 1906
Lizenz: Grand Rapids School Furniture Company

und P. Johannes Müller wurde eigens vom Preußischen Kultusministerium beauftragt, die gesamte Innenraumgestaltung für den Bereich Schule zu liefern. Die Konzeption seiner Ausstellung übertrug er dem renommierten Architekten Bruno Paul, mit dem er auch bei anderen Gelegenheiten zusammenarbeitete. Paul war 1907 einer der Gründer des Werkbunds, der seinerzeit führenden Vereinigung von Architekten, Innenarchitekten und Designern, und P. Johannes Müller gehörte zu den ersten Mitgliedern. 1910 saß er mit prominenten Architekten des Werkbunds wie Hermann Muthesius und Peter Behrens im Beirat der neu gegründeten Höheren Fachschule für Dekorationskunst in Berlin.
Die Erste Internationale Hygiene-Ausstellung in Dresden vereinigte 1911 Vertreter von Wissenschaft, Industrie und Kultur und war mit über fünf Millionen Besuchern außerordentlich publikumswirksam. Initiator der Hygiene-Ausstellung war Karl August Lindner, der Begründer des Hygienemuseums in Dresden und Hersteller des Mundwassers Odol. Das von PJM präsentierte, von Richard Riemerschmid gestaltete Klassenzimmer mit Rettig-Schulbänken erhielt eine Goldmedaille.
Insgesamt betrachtet war das Möbelprogramm von PJM breiter angelegt als das der anderen Schulbankfabriken, weshalb die Firma auch den Namen »Werkstätten für Schuleinrichtung« trug. Das Programm umfasste unter anderem Aulen, Zeichenräume und naturwissenschaftliche Räume. Relativ zügig erwarb sich PJM daher das Image des qualitativ führenden Schulmöbelherstellers, nicht zuletzt weil sich auch anerkannte Experten wie Max von Pettenkofer und Georg Kerschensteiner für sein Konzept aussprachen. Dies

Brüssel, 1910
Zeichensaal
von PJM
Entwurf
Bruno Paul

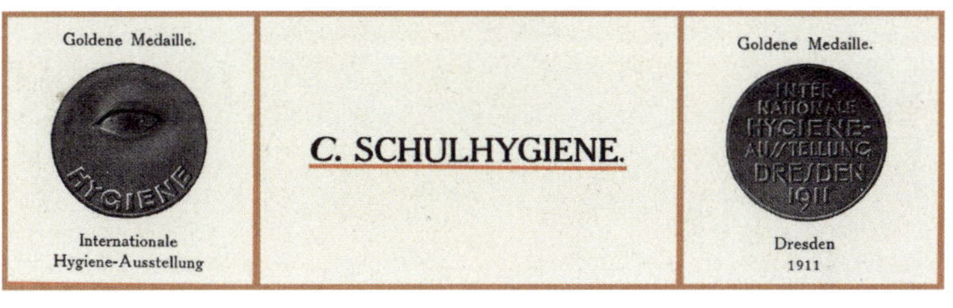

links
Höhenverstellbares
Hausschülerpult
von PJM, ca. 1906
Lizenz: Grand Rapids School
Furniture Company

Goldmedaille für PJM
anlässlich der 1. Internationalen Hygieneausstellung
Dresden, 1911
Entwurf der Medaille:
Franz von Stuck

gelang P. Johannes Müller, indem er sich umfassend mit dem Thema Schuleinrichtung auseinandersetzte. Zu diesem Zweck gründete er auch einen eigenen Verlag für Schulhygiene, in dem unter anderem die Zeitschrift »Das Schulzimmer« erschien. In Fachkreisen galt er als Pionier, der auch internationalen Neuerungen gegenüber aufgeschlossen war. Wichtigster Lizenznehmer in Preußen war die Schulmöbelfabrik Alwin Köhler im damaligen Schreckenstein, heute Strekov in Tschechien. Exporte erfolgten mit Lizenznehmern in Wien und in der Schweiz durch die Firma Hunziker in Thalwil.

Ein Vortrag von Maria Montessori in Berlin überzeugte meinen Großvater von ihrem pädagogischen Konzept. 1913, zehn Jahre bevor in Deutschland die erste Montessorischule

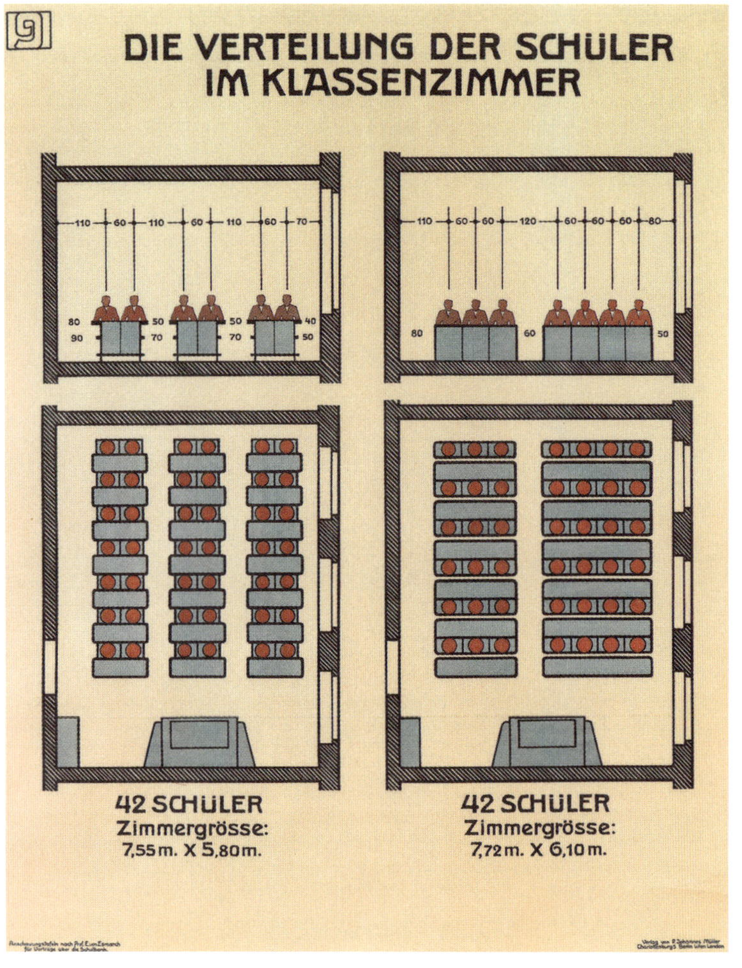

oben
P. Johannes Müller
Vergleich des Flächenbedarfs von mehrsitzigen und zweisitzigen Schulbänken: Die Zweisitzer benötigen etwas weniger Fläche.

rechts oben
Verleger P. Johannes Müller
Das Schulzimmer, 1905

rechte Seite oben
Zwei Schreiben von P. Johannes Müller an Maria Montessori anlässlich der Werkbund-Ausstellung in Köln 1914

gegründet wurde, schloss er einen Vertrag, der ihn berechtigte, das Montessori-Lehrmaterial herzustellen und zu vertreiben. Bereits 1914 präsentierte PJM auf der Werkbundausstellung in Köln ein »Kinderhaus« mit Lehrmitteln nach Montessori. Fast 20 Jahre waren die Montessori-Lehrmaterialien ein wesentlicher Bestandteil der Geschäfte von PJM. Mit der Machtergreifung der Nationalsozialisten war der Verkauf dieses Materials nicht mehr möglich, da alle Montessorischulen geschlossen wurden.

Die von P. Johannes Müller geschaffenen Grundlagen wirkten jedoch bis 1940 weiter, wenngleich die Jahre von 1895 bis 1914 als die besten angesehen werden können. Mein Großvater verhalf der Rettig-Bank durch exzellente Kontakte und hervorragende Präsentation in seinen Katalogen und in seinem Verlag zu einem bemerkenswerten Erfolg. Ergänzt wurde dieser »Bestseller« durch viele weitere Möbel für den Schulbedarf. Insofern kann man im heutigen Sinn von einem Konzeptverkauf sprechen, den PJM erstmalig in der Schulmöbelindustrie realisieren konnte. Die hygienischen und pädagogischen Anforderungen der damaligen Zeit wurden weitestgehend erfüllt und die Funktionalität der Schulbank als Kernprodukt perfektioniert, sodass der wirtschaftliche Erfolg bemerkenswert war. Die nach dem Zweiten Weltkrieg verbliebenen Unterlagen sind leider nicht mehr vollständig, aber eine Abschätzung der Gesamtproduktion, von VS und anderen Lizenznehmern, ergibt für die Zeit bis dahin eine Zahl von circa 800.000 hergestellten Rettig-Bänken, also 1,6 Millionen Sitzplätzen für Schüler.

P. JOHANNES MÜLLER
VERLAG FÜR SCHULHYGIENE
BUCH- UND LEHRMITTELVERLAG
CHARLOTTENBURG, SPANDAUERSTRASSE 10a • FERNSPRECHER: WILHELM No 6000
REICHSBANK-GIRO-KONTO CHARLOTTENBURG • • • • • POSTSCHECKKONTO BERLIN No 3849

am 9. Januar 1915.

Frau Professor M a r i a M o n t e s s o r i

R o m

Via Principessa Clotilde 5.

Hochgeehrte gnädige Frau!

Unter höflicher Bezugnahme auf mein Schreiben vom 27. Mai 1914 und vom 19. Juni 1914 gestatte ich mir Ihnen heute folgendes mitzuteilen.

Das Montessori-Zimmer auf der Kölner Werkbund-Ausstellung ist ganz vollendet gelungen. Fräulein von den Steinen hat mir in Köln selbst mehrere Tage zur Seite gestanden, und vielleicht haben Sie von ihr bereits Nachricht über den ausgezeichneten Eindruck erhalten, den das Montessori-Zimmer auf die Ausstellungsbesucher gemacht hat. Ich habe nicht nur die Kosten für das völlig neue Mobiliar für die gesamte Ausstellung des Raumes, ferner das Honorar für die künstlerische Durchbildung und für die fachmännische Mitwirkung von Fräulein v.d.Steinen, einschliesslich der Reisekosten, aufgewendet, sondern auch noch erhebliche Platzmiete ent-

Verlag für Schulgesundheitspflege
P. Johannes Müller
Lehrmittel jeder Art • Schulärztliche und schulhygienische Schriften, Verlagswerke und Geräte
Gegründet 1895 * Berlin * Gegründet 1895
Postscheck-Konto Berlin 3849. • Deutsche Bank, Berlin W 8. • Dresdner Bank K, Berlin, Potsdamer Str. 108 a.

Fernsprecher: Amt Nollendorf 1991.
Telegramme: Pejohamueller-Berlin.

Berlin, am 17 agosto 1932
Bülowstraße 68

Signora
S o r g e
Opera Montessori
R o m a (Italien)
Viale Angelico 22

Gentilissima Signora,

durante il congresso mondiale a Nizza la nostra signora Müller ebbe l'occasione di parlare colla signora professoressa Montessori della fabbricazione del gruppo "Analise delle serie " (Satzanalyse) .

La nostra signora Müller presentò a Nizza alla Dottoressa i campioni da noi fabbricati (che troverà appiccicati sul foglio accluso), e sentì che questo gruppo con tali colori non fosse giuste. La Dottoressa disse che Lei Signora sapeva dettagliatamento come deve essere eseguito questo nuovo gruppo, e per questo ci raccomandò di inviarLe questi fogli di campione, pregandoLa di aggiungerci per disegno i colori mancanti e di esaminare le forme già esistenti se sono giuste; specialmente La

PJM-Werbeprospekt
ca. 1925

Übungen des täglichen Lebens
im Montessori-Kinderhaus
Berlin-Lankwitz, 1920

oben
Montessori-Sandpapierbuchstaben auf farbigem Karton

Montessori-Farbplättchen in acht Grundfarben mit je acht Farbtönen

Montessori

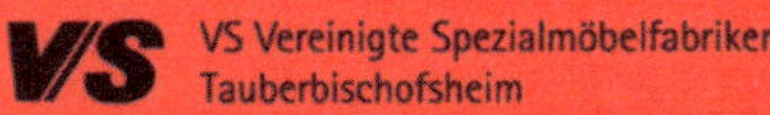

Lehrmaterialien, Möbel und Architektur
Teaching Materials, Furniture and Architecture
1913-1935

12. Juni bis 2. September 2002

VS Vereinigte Spezialmöbelfabriken
Tauberbischofsheim

Einladungskarte
der Montessori-Ausstellung
von VS im Bauhaus-Archiv Berlin
2002

Vom Ersten zum Zweiten Weltkrieg

Kriegsbeginn und frühe Nachkriegszeit

Das Jahr 1914 lief für die VS zunächst gut an, und die Auslieferungslager waren bestens gefüllt, als am 1. August der Krieg begann. Allerdings fuhr die Reichsbahn nun ausschließlich für die Streitkräfte und die VS konnte ihre Kunden nicht mehr beliefern, andere Transportmöglichkeiten gab es nicht. Erst Ende September besserte sich die Situation etwas. Der Umsatz ging auf 75 Prozent des Vorjahres zurück, zum Kriegsende 1918 waren es nur noch 15 Prozent der Vorkriegszeit. Diese Angaben beziehen sich auf die hergestellten Mengen, denn infolge der Inflation sind die Währungswerte in Mark nicht mehr vergleichbar. Ab 1916 gelang es, mit Heeresaufträgen einen gewissen Ausgleich zu schaffen. Gefertigt wurden Transportkisten aller Art für die Infanterie und Munitionskisten sowie Bauteile für Pferdefuhrwerke. Innerhalb kurzer Zeit wurde mehr als die Hälfte der Belegschaft zum Wehrdienst eingezogen. Ernst Ramminger, der Sohn des Gründers, erinnerte sich, dass teilweise mit »Mädchen, Frauen und auch mit Gefangenen, die im hiesigen Lager untergebracht waren«, gearbeitet wurde. Gemeint waren französische und russische Kriegsgefangene. Das Kriegsende brachte weitreichende Veränderungen mit sich. Sowohl der Kaiser als auch der Großherzog von Baden mussten abdanken. Die Revolutionsregierung beschloss, dass Arbeitgeber und Arbeitnehmer gemeinsam die Arbeitsbedingungen und Löhne aushandeln sollten. Am 10. März 1919 gründete sich der Arbeiter- und Angestelltenausschuss. Dieser wurde von 53 anwesenden VS-Mitarbeitern gewählt und entsprach dem heutigen Betriebsrat. Mit der Geschäftsführung kam im Wesentlichen folgendes Ergebnis zustande: Die tägliche Arbeitszeit betrug von Montag bis Samstag jeweils acht Stunden, der Ecklohn lag bei mindestens 1,25 Mark pro Stunde. Wegen der starken Inflation der ersten Nachkriegsjahre musste allerdings häufig nachverhandelt werden.

Das Schulmöbelgeschäft belebte sich nach Kriegsende etwas, erreichte mengenmäßig aber nur ein Drittel des letzten Friedensjahres. Durch Inflation und Arbeitslosigkeit, geringe Steuereinnahmen sowie hohe Soziallasten hatten die Städte und Gemeinden wenig Geld für ihre Schulen. Die VS musste andere Aufträge suchen und fand sie Ende 1919 zum Beispiel bei der Reichsvermögensverwaltung in Mainz, die zuverlässige Lieferanten für preiswerte Wohnmöbel für

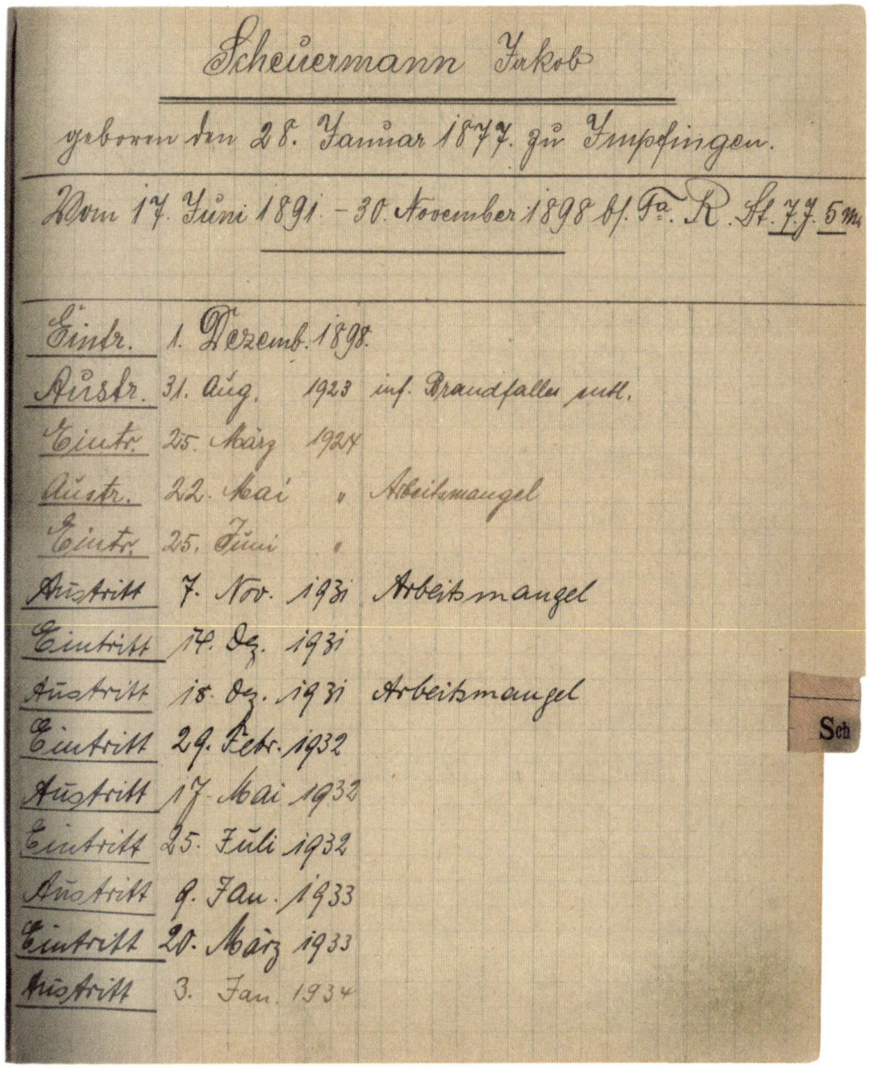
Scheuermann Jakob

geboren den 28. Januar 1877 zu Impfingen.

Vom 17. Juni 1891 – 30. November 1898 b/. Fa. R. St. 77. 5m

Eintr.	1. Dezemb.	1898	
Austr.	31. Aug.	1923	inf. Brandfalles entl.
Eintr.	25. März	1924	
Austr.	22. Mai	"	Arbeitsmangel
Eintr.	25. Juni	"	
Austritt	7. Nov.	1931	Arbeitsmangel
Eintritt	14. Dez.	1931	
Austritt	18. Dez.	1931	Arbeitsmangel
Eintritt	29. Febr.	1932	
Austritt	17. Mai	1932	
Eintritt	25. Juli	1932	
Austritt	9. Jan.	1933	
Eintritt	20. März	1933	
Austritt	3. Jan.	1934	

Sch

linke Seite
Reformpädagik
in der Weimarer Republik:
Tisch für eine Arbeitsschule
nach Berufsschuldirektor Schulz
VS-Prospekt
1930/31

rechts
Wechselhafte Beschäftigung:
Personalakte eines
VS-Mitarbeiters mit Freistellung
1923 wegen Brand
1931–1934
wegen Arbeitsmangel

Flüchtlinge und Evakuierte suchte. So konnten die Jahre 1920 und teilweise 1921 überbrückt werden, bis auch hier ein Preisverfall durch starken Wettbewerb das Geschäft beendete. Die Beschäftigungslage blieb recht wechselhaft. Schon ab 1. August 1919 vereinbarten Geschäftsführung und Arbeiterausschuss, dass je nach Auftragslage auch zehn Stunden täglich gearbeitet werden konnte, bei 25 Prozent Lohnzuschlag für die Überstunden. Andererseits kam es ebenfalls zu Kurzarbeit, für die es damals keinen Ausgleich gab. Wiederum bemühte sich die Geschäftsführung um die Einführung neuer Produkte. Die VS begann, Holzstabkörbe zu produzieren. Diese waren deutlich stabiler als herkömmliche geflochtene Körbe, aber letzten Endes zu teuer, sodass auch deren Fertigung wieder eingestellt wurde.

P. Johannes Müller schlug in einem Schreiben vom 10. November 1920 den Gesellschaftern vor, die VS mit seiner Firma PJM zu fusionieren, um die aufgrund der schwierigen Wirtschaftslage bei beiden Unternehmen notwendigen Kosteneinsparungen realisieren zu können. Der Vorschlag fand zu dieser Zeit kein Gehör, vermutlich weil die übrigen Gesellschafter fürchteten, der Einfluss meines Großvaters innerhalb der VS würde zu stark. 1921 erkrankte er und verstarb überraschend am 17. Februar 1922, sodass er diese Pläne nicht mehr weiter verfolgen konnte. Nach seinem Tod übernahm die Witwe, Valborg Müller, die Geschäftsführung der Firma PJM und wurde zugleich Gesellschafterin der VS, bis sie 1937 ihrem 1906 geborenen Sohn Falk Müller – meinem Vater – die Nachfolge übergab.

In die Nachkriegszeit fielen auch einige personelle Veränderungen bei der VS. Konrad Stetter musste sich aus gesundheitlichen Gründen mehr und mehr zurückziehen, behielt aber bis zu seinem Tod am 2. Juni 1926 pro forma die Geschäftsführung. Unterstützt wurde er durch den 1883 geborenen Ernst Ramminger, der 1919 Prokura erhielt und als Nachfolger von Konrad Stetter zum Geschäftsführer bestellt wurde. In der Niederlassung Stuttgart hatte bereits 1910 als 14-Jähriger ein Neffe von Konrad Stetter begonnen: Fritz Fromm. 1919 kehrte Fritz Fromm aus der Kriegsgefangenschaft zurück und betreute mit dem Motorrad das Verkaufsgebiet Württemberg.

Ansicht der Schulmöbelfabrik
vor dem Brand

Von der Inflation zur Weltwirtschaftskrise

In den nachfolgenden Jahren bis 1933 lösten, abgesehen von den gravierenden politischen Spannungen der jungen Republik, mehrere Wirtschaftskrisen und wenige Jahre der Erholung einander ab. Bereits während des Ersten Weltkrieges hatte die deutsche Währung an Wert verloren. Ab 1921 beschleunigte sich die Inflation. Im Dezember 1921 entsprachen 65 Mark einer Goldmark von 1913, Ende 1922 waren es bereits 1.730 Mark. Die Hyperinflation von 1923 brachte die Wirtschaft praktisch zum Erliegen. Die Wende kam mit der Einführung der Reichsmark am 15. November 1923; ihr Wert entsprach wieder der Vorkriegs-Goldmark. Eine Reichsmark konnte gegen sogenannte Papiermark im Wert von einer Billion eingetauscht werden.

Aufgrund der allgemeinen Wirtschaftsschwäche waren die Kommunen wegen mangelnder Steuereinnahmen kaum imstande, neue Schuleinrichtungen zu beschaffen. In dieser Notsituation gelang es Ernst Ramminger erstmals in der Firmengeschichte, ein größeres Exportgeschäft abzuschließen. Eine holländische Firma war bereit, zu wertbeständigen Devisen Schulbänke zu kaufen, sofern die VS die Preise von 1914 akzeptieren würde. Dieser Handel war letztendlich für beide Seiten vorteilhaft. Der Auftrag lastete die Fabrik für ein ganzes Quartal aus, mit den Devisen wollte die VS dringende Investitionen und Reparaturen finanzieren. Der holländische Partner seinerseits konnte sich über einen sehr günstigen Preis freuen. Im Sommer 1923 waren alle Lager der VS mit Schulbänken für Holland gefüllt, die in den bevorstehenden Ferien ausgeliefert werden sollten.

Brand vom 1.8.1923
Mitarbeiter am Bahnübergang

Doch es kam anders: Am 1. August 1923, morgens um 5.30 Uhr, stand plötzlich die ganze Fabrik in Flammen. Ausgehend vom Kesselhaus fing der Spänebunker Feuer und kurze Zeit darauf die Schreinerei sowie der Lackiersaal mit dem Lacklager. Durch die Hitze des brennenden Lackes wurde der Brand derartig beschleunigt, dass bereits um 7.00 Uhr alle Fabrikgebäude eingestürzt waren.
Die Ursache für die außergewöhnlich schnelle Ausbreitung des Brandes ist vermutlich auf mangelnden Brandschutz bei der Fabrikplanung zurückzuführen. Schon 1907 hatte der Bezirksbrandmeister beim Umbau des Kesselhauses darauf bestanden, eine massive Brandmauer zu errichten. Hermann Mölle wollte diese Mehrkosten vermeiden und wandte sich an das staatliche Bauamt in Wertheim, das nach Ortsbesichtigung entschied: Die Brandmauer braucht nicht gebaut zu werden, denn auch diese Mauer könne dem Übel nicht abhelfen. Die Gebäude seien bereits mehrfach »angeflickt« worden und entsprächen ohnehin nicht den gesetzlichen Bestimmungen; und wörtlich hieß es: »Bei einem etwaigen Brand ist von der ganzen jetzigen Anlage wohl nichts zu retten.« Dieser Fall trat dann genau so ein, wie vom Bauamt 16 Jahre zuvor prophezeit.
Ein Brand diesen Ausmaßes stellt schon in guten wirtschaftlichen Zeiten ein großes Unglück dar. Inmitten der Inflation und angesichts der nun zerschlagenen Hoffnung auf den rettenden Holland-Export hätte das Feuer fast den Untergang der VS bedeutet. Dass die Firma diese schwere Zeit überstand, ist der Ausdauer und dem Geschick von Hermann Mölle, Ernst Ramminger und Konrad Stetter zu verdanken, aber auch dem Einsatz der gesamten Belegschaft, die den

Lokomobile als Ersatz für die zerstörte Dampfmaschine

linke Seite
Überreste der Dampfmaschine nach dem Brand

oben
Aufräumarbeiten am Kesselhaus

links
Blick von der abgebrannten Fabrik auf den Bahnübergang; Gebäude rechts: Forstverwaltung des Fürsten von Leiningen

Oeffentlicher Dank.

Für die Hilfeleistungen, die mir und meiner Firma anlässlich der Brandkatastrophe am 1. August ds. Js. von so vielen Seiten zuteil geworden sind, sage ich hiermit

herzlichsten Dank.

Gleichzeitig danke ich auch all denjenigen, die mir und meiner Familie nach der Katastrophe so hilfreich beigestanden sind und uns durch Wort und Schrift in diesen schweren Tagen ihre trostvolle Anteilnahme bekundeten.

H. Mölle, Fabrikdirektor.

Bezirk T.-Bischofsheim

* **Tauberbischofsheim,** 10. Okt.

— **Ueber den Wiederaufbau der Schulmöbelfabrik** fanden in der letzten Zeit eingehende Beratungen und Besprechungen statt Die Fabrik soll auf dem Acker des Herrn Martin Reuß an der Hochhauser Straße (unterhalb der Holzhandlung Gehrig) errichtet werden. Herr Landwirt Reuß wird hiefür zwei Leining'sche Grundstücke erhalten. Der Herr Fürst v. Leiningen, bei dem die Herren Bürgermeister **Diebold** und Generaldirektor **Hopf** am Mittwoch in Amorbach vorsprachen, hat sich in sehr dankenswerter Weise zur Abtretung der fraglichen Grundstücke bereit erklärt. Auch über die Zuteilung von Nutzholz zum Aufbau der Fabrik sind die Verhandlungen gut fortgeschritten. Die Stadt, der Staat sowie die Hn. Graf v. Ingelheim u. Fürst v. Leiningen, bekunden in dieser Frage ein Entgegenkommen, das man nur mit warmer Anerkennung verzeichnen kann. Die Stadtverwaltung gibt sich unter ihrem Oberhaupte, Herrn Bürgermeister Diebold, alle Mühe, um das Projekt zustande zu bringen. So ist zu hoffen, daß in Bälde mit der Wiedererrichtung der Fabrik begonnen **werden** kann.

Zum Fabrikneubau der Schulmöbelfabrik

in Tauberbischofsheim

benötige ich

450 Kubikmtr. Kalksteine

zu Schotter.

Ich erbitte mir Angebote pro Kubikmeter frei Baustelle bis

Donnerstag, 31. Januar, abends,

an welchem Tage ich mich auf der Baustelle befinde. Das Ganze kann geschlossen oder in Teilmengen übernommen werden.

M. Rohr & Faul,

Bauunternehmung,

Mergentheim.

oben links
Anzeige
Tauber–Frankenbote vom 10.9.1923

oben rechts
Zeitungsbericht
Tauber-Frankenbote vom 10.10.1923

links
Anzeige
Tauber-Frankenbote vom 28.1.1924

Betrieb unbedingt retten wollte. Nicht zuletzt haben einige glückliche Umstände dazu beigetragen, dass die Firma nach diesem Unglück überhaupt weitergeführt werden konnte.
Bei den Gesellschaftern bestand der einmütige Wille, die VS baldmöglichst wieder aufzubauen. Auch die Stadt zeigte sich sehr hilfsbereit und stellte den großen Rathaussaal als Übergangsbüro zur Verfügung, um die geretteten Akten, Zeichnungen und sonstigen Dokumente unterzubringen. Der Gemeinderat wollte zunächst den Wiederaufbau der VS am alten Standort durchsetzen, damit die Reisenden am Bahnhof Tauberbischofsheim den Stolz der Gemeinde sehen konnten: eine Fabrik mit rauchendem Schornstein. Schließlich befürwortete man aber die weitsichtige Planung der Geschäftsleitung, denn auf einem großen Areal circa 700 Meter nördlich von der alten Fabrik konnte die Reichsbahn den dringend benötigten Gleisanschluss zur Verfügung stellen. Außerdem gab es außerhalb der Stadt mehr Möglichkeiten für eine zukünftige Fabrikerweiterung und keine Konflikte mit angrenzenden Einwohnern, da dieses Gelände kein Bauland war und erst erschlossen werden musste. Dieser Aspekt sollte allerdings erst nach dem Zweiten Weltkrieg eine Rolle spielen. Nachteilig ist jedoch bis heute die relativ geringe Breite des Areals, das zwischen den Bahngleisen und der Hochhäuser Straße liegt, die damals noch ein Feldweg war.
Für den Geländekauf wurde vor allem der Fürst von Leiningen in Amorbach benötigt, der in Tauberbischofsheim über großen Wald- und Grundbesitz verfügte. Mit viel Geschick nutzte der kurz zuvor gewählte 31-jährige Bürgermeister Erich Diebold seine Beziehungen zum fürstlichen Domänen-

Fabrik-Neubau der VS, 1924
mit Erweiterungen Stand 1928/29

amt, um den Fürsten für die Planungen der VS und der Stadt zu gewinnen. Im Oktober 1923 erhielt Diebold eine Audienz und schilderte die Notlage der VS, ihrer Mitarbeiter und der Stadt. Über den Grundstückskauf wurde man schnell einig. Der Fürst war außerdem bereit, 200 Kubikmeter Bauholz zur Verfügung zu stellen. Abschließend überbrachte Diebold den Wunsch der Gesellschafter, der Fürst möge sich an der VS beteiligen, um auf diese Weise die Finanzierung des Neubaus zu ermöglichen. Ende 1923 erklärte die Generalverwaltung von Leiningen, der Fürst beteilige sich an der VS mit 12.000 »Goldmark«, und der Neubau rückte in greifbare Nähe. Weiteres dringend benötigtes Bauholz stellte der Reichsgraf von Ingelheim aus dem benachbarten Gamburg zur Verfügung. Eine Kapitalbeteiligung seinerseits an der VS kam aber nicht zustande.

Bereits einen Monat nach dem Brand hatte der Stuttgarter Industriebauarchitekt Adolf Frank einen Entwurf für den Neubau vorgestellt. Als Grundstock für die Baukosten sollte der Schadensersatz für die abgebrannte Fabrik dienen, den die badische Gebäudeversicherung auf 146.000 Mark bezifferte. Es wäre allerdings sinnlos gewesen, sich diesen Betrag in Inflationsgeld auszahlen zu lassen. Glücklicherweise endete die Inflation im November 1923. Zunächst traute kaum jemand der neuen Währung, aber Anfang 1924 blieb das Geld stabil und das Genehmigungsverfahren für den Neubau mit circa 3.000 Quadratmeter umbauter Fläche wurde beantragt.
Am 29. Dezember 1923 erklärte jedoch die Reichsbahn als staatlicher Monopolist, dass im Abstand von 21 Metern von der Kante des nächstliegenden Gleises nicht gebaut werden

dürfe. Hier konnte auch Bürgermeister Diebold nicht weiterhelfen. Der Querbau musste um 8,60 Meter gekürzt werden, und das Kesselhaus durfte nur unter der Auflage errichtet werden, es unverzüglich abzureißen, sobald die Reichsbahn dies verlangte, was allerdings nie geschah. Insofern war der Weg frei für den Stolz der VS, eine stationäre Heinrich-Lanz-Lokomobile mit 230 PS und einen AEG-Stromgenerator. Ununterbrochen lieferte diese Anlage von 1924 bis 1959 am ursprünglichen Standort Strom für die Maschinen und Heißdampf für die Heizung der Fabrikgebäude.
Im Februar 1924 war die Baugenehmigung erteilt und bereits im Juli 1924 wurde mit einer teilweisen Betriebsgenehmigung gearbeitet. Im Rahmen dieser extrem kurzen Zeitspanne war vieles noch nicht fertig, wie zum Beispiel der Fußboden im Maschinensaal, die Brandisolierung in allen Stockwerken, die vollständige Wasserversorgung, die Absaugung und der Außenputz. Der Betrieb jedoch lief wieder an. Endgültig fertiggestellt wurde der Bau infolge finanzieller Engpässe erst 1935.
Von 1925 bis 1929 gingen die Geschäfte der VS wieder besser. Nach Abzug der Steuern reichten die Gewinne aber nicht aus, um alle wünschenswerten Maschinen und Anlagen zu beschaffen. Eine Fremdfinanzierung über Kredite kam bei 18 Prozent Zinsen ebenfalls nicht infrage. Erstmalig erzielte die VS 1928 einen Umsatz von mehr als einer Million Mark in fester Währung und produzierte in diesem Jahr 14.800 Schulbänke, außerdem noch weitere Produkte der Schuleinrichtung. Zugleich konnte das 30-jährige Jubiläum der Firma gefeiert werden, die 120 Mitarbeiter beschäftigte und neben vielen Konkurrenten an der Spitze der Schulmöbelindustrie stand. Umso härter traf die 1929 einsetzende Weltwirtschaftskrise die VS mit einem massiven Umsatzrückgang. 1932 war der Tiefpunkt erreicht, es konnte nur noch ein Drittel des Umsatzes von 1928 realisiert werden. Mehr als die Hälfte der Mitarbeiter musste entlassen werden, vom 1. November 1931 bis zum 15. Februar 1932 stand die Fabrik wegen Arbeitsmangel komplett still, anschließend wurde bis zum Jahresende kurzgearbeitet. Diese Zeit bedeutete die schwerste finanzielle Belastung der gesamten Firmengeschichte. Notverkäufe von Warenbeständen und Grundstücken waren notwendig, um die Krise zu überwinden, auch die Villa Ramminger am Bahnübergang wurde veräußert. Carl August Kapferer stand Ernst Ramminger bis 1930 zur Seite, erkrankte dann allerdings und verstarb 1931. Die schlimmste Zeit von 1931 bis 1934 musste Ernst Ramminger zusammen mit Hermann Mölle bewältigen.

linke Seite
Ortsfeste Lokomobile
der Fa. Heinrich Lanz
mit AEG-Stromgenerator

unten
Versuch der VS,
die Produktion
von Kinderbetten
aufzunehmen, 1934

Umlegbare Schulbank
aus Stahlrohr
VS-Prospekt
1930/31

Alleinige Hersteller:
Vereinigte Schulmöbelfabriken
G. m. b. H.
Abteilung Kinderbetten

Stuttgart O Werastraße 39 — **München 2 NW** Briennerstraße 27
Tauberbischofsheim in Baden

„WILFRIEDE"
das neue, verwandelbare
Kinderbett und **Laufgitter**
DRP. a. DRGM.

Da die gesamte Branche unter starkem Druck stand, wurde die Fusion mit einer Konkurrenzfirma ins Auge gefasst, um gemeinsam die Krise besser zu überstehen. Mehrere Gespräche der Geschäftsleitung fanden mit der Hohenloher Schulmöbelfabrik statt, aber eine Einigung scheiterte schließlich an unterschiedlichen Auffassungen über die Bewertung der beiden Firmen.
1932 trat die Firma Wilfriede an die VS heran und versprach mit dem zum Patent angemeldeten Kinderbett »Wilfriede« neue Beschäftigungsmöglichkeiten. Angesichts der Notlage griff man nach dem Strohhalm, obwohl die Firma die Produktion für den Inlandsmarkt bereits an andere Unternehmen vergeben hatte. Gemäß Vertragsabschluss erhielt die VS lediglich die Hälfte der Auslandsaufträge für dieses Kinderbett und die trafen äußerst spärlich ein. Bereits im März 1933 wurde die Produktion wieder eingestellt. Damit waren 10.000 Mark Kapitaleinlage bei Wilfriede verloren gegangen. Einmal mehr erwies sich, dass die VS ohne eigenen vertrieblichen Zugang zum Kunden kaum ein neues Geschäftsfeld finden konnte, das dauerhaft als zweites Standbein zu dienen vermochte. Ein Problem, das sich bereits früher gezeigt hatte und sich auch noch in der Zukunft stellen würde.

Sowohl der Großbrand 1923 als auch die Weltwirtschaftskrise waren Gründe, weshalb in der Zeit von 1920 bis 1945 von der VS nur sehr wenige weiterführende Produktentwicklungen auf den Markt gebracht wurden, um den Absatz zu verbessern oder zumindest die Wettbewerbsfähigkeit zu stärken. Angesichts der schwierigen Zeiten fehlte der Mut für Innovationen, möglicherweise auch wegen der vorangegangenen fehlgeschlagenen Diversifikationen. Mit ihren Verkaufsargumenten blieb die VS daher bei der traditionellen Schulbank, die aber zunehmend in die Kritik geriet. Gruppenunterricht im Klassenraum zum Beispiel war nur möglich mit frei beweglichen Stühlen und Tischen. Von der Aufbruchsstimmung der Schulbau-Architektur aus der Zeit der Weimarer Republik war bei der VS wenig zu spüren. Die Geschäftsführung hielt die neuartigen Möbelentwürfe, wie sie zum Beispiel vom Bauhaus vorgestellt wurden, fälschlich für eine unzweckmäßige Modeerscheinung von kurzer Dauer.
Entsprechend informierte der VS-Katalog 1931/32 die Kunden wie folgt: »Gelegentlich der Jahresversammlung des Deutschen Vereins für Schulgesundheitspflege im September 1929 wurde wohl zum ersten Mal die Frage ‚Schulbank oder freies Schulgestühl' in größerem Stil erörtert, und es

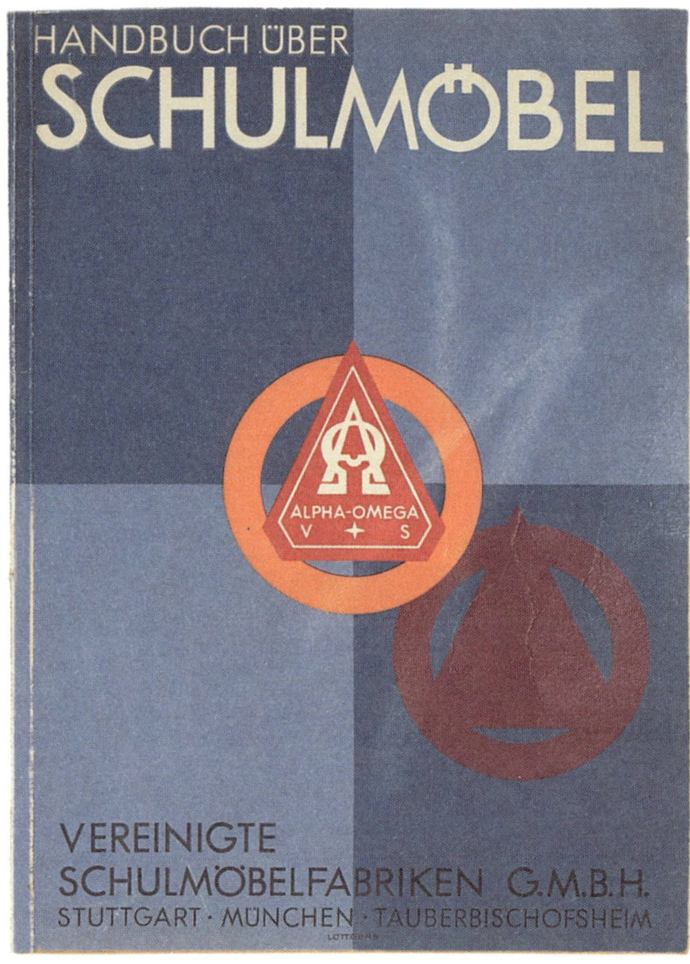

VS-Prospekt, 1930/31

Stuhl und Tisch mit identischer Formensprache
VS-Prospekt, 1930/31
Von der Schulbank zum freien Schulgestühl

zeigte sich hierbei, daß die Meinungen hierüber noch sehr geteilt sind. Grundsätzliche Fragen, wie Raumausnützung, gesundheitliches Sitzen, Augenhygiene, Reinigung des Fußbodens, Dauerhaftigkeit, Form der Stühle und anderes sind in den bisherigen Tisch- und Stuhlformen noch nicht restlos gelöst, und es bedarf noch einer zielbewußten Zusammenarbeit von Pädagogen, Hygienikern und Technikern, um in der Frage ‚freies Schulgestühl' ein brauchbares Ergebnis zu erzielen ... Unbedingt falsch und für die Jugend von größtem Nachteil ist es, planlos irgendwelche gewöhnlichen Tische und Stühle zu benutzen.«

In dieser Mitteilung spiegelt sich deutlich die große Sorge, die Schulbank als Spezialmöbel, das man mit viel Expertise fertigen konnte, könne durch beliebige Möbel von weniger qualifizierten Herstellern ersetzt werden. Weiterhin fürchtete das ganz auf die Massivholzverarbeitung ausgerichtete Unternehmen den sich abzeichnenden Trend zu Stahlrohrmöbeln. Zwar hatte man 1928 in bescheidenem Umfang eine Schlosserei eingerichtet, um auch Stahlrohrmöbel herzustellen, die bereits von vielen Großstädten nachgefragt wurden. Aber man scheute die umfangreichen Investitionen für die Umrüstung der gerade angeschafften Maschinen und Anlagen.

Letzten Endes entschied die Politik ab 1935 den Streit um das zeitgemäße Schulmobiliar. Durch die gewaltige Aufrüstung stand für den Möbelbau kaum noch Stahlrohr zur Verfügung, allenfalls zu sehr hohen Preisen. Abgesehen davon passte die Schulbank aus Kaisers Zeiten als Hilfsmittel der Disziplinierung viel besser zu den pädagogischen Absichten der NS-Machthaber.

Tauberbischofsheim,den 5.November 1934.

B.

I. An die Direktion

der Vereinigten Schulmöbelfabriken G.m.b.H.

hier .

Wie uns mitgeteilt wird,wurde mehreren Tauberbischofsheimer Arbeitern auf 17.November 1934 gekündigt . Unter diesen befinden sich verheiratete SA - Männer , die unter die Sonderaktion fallen und dadurch bevorzugt zu beschäftigen sind . Auf die hierwegen in den Tageszeitungen erfolgten Bekanntmachungen wird ausdrücklich hingewiesen .

Wir bitten bei der Entlassung von Arbeitern in erster Linie auf die ledigen und insbesondere auf solche zurückzugreifen , die von auswärts kommen und zu Hause noch Landwirtschaft betreiben .

II. Nachricht hiervon erhält

die Arbeitsamts - Nebenstelle -

hier

zur Kenntnisnahme . Es wolle alles unternommen werden , um die hiesigen Arbeiter, die alle auf Erwerb angewiesen sind, im Betrieb zu belassen . Jnsbesondere darf keiner, der der Sonderaktion angehört, entlassen werden . (Adolf Dehn Nr. 245 893)

III.Wv. Heil Hitler !

Bürgermeisteramt :

Durchschlag des Briefes
von Bürgermeister Hans Knab
an die VS
5.11.1934

SCHUTZMARKE

DRAHTANSCHRIFT: SCHULBANKFABRIK
FERNRUF 205
POSTSCHECKKONTO STUTTGART Nr. 1739
A. Nr.

Vereinigte Schulmöbelfabriken GmbH.

NIEDERLASSUNGEN: MÜNCHEN STUTTGART TAUBERBISCHOFSHEIM

Tauberbischofsheim

den 7.11.34

An das
Bürgermeisteramt,
Tauberbischofsheim.

Wir erhielten Jhr Schreiben v. 5.ds.Mts. und teilen Jhnen hierauf mit,dass wir dem Wunsche Jhres Herrn Bürgermeisters, bei Einstellungen und Entlassungen möglichst T'heimer Arbeiter entsprechend zu berücksichtigen, jederzeit schon nachgekommen sind soweit dies möglich war, aber immer geht dies eben nicht, denn wir können beispielsweise nicht einen auswärtigen Fräser oder Dreher entlassen, weil die Stelle eines hiesigen Schleifers freizumachen ist.

Ebenso ist es undurchführbar, immer zuerst ledige Leute zu entlassen, sondern dies kann nur durchgeführt werden, wenn für die gleiche Arbeit ledige und verheiratete Arbeiter vorhanden sind.

Das Märchen von den auswärtigen Arbeitern, die zu Hause noch Landwirtschaft betreiben, ist schon längst widerlegt, denn wir haben fast ja von jedem Arbeiter einen grundbuchamtlichen Auszug über seine Landwirtschaft vorliegen.

Was Jhren Hinweis auf die " Sonderaktion " betrifft, so ist uns diese wohl bekannt, aber wir glauben doch annehmen zu dürfen, dass gerade diejenigen Arbeiter die sich ständig auf S.A.Zugehörigkeit, alte Kämpfer etc. stützen, als Nationalsozialisten auch wissen sollen und müssen, dass sie durch Gehorsam, Disziplin, Respektierung der Betriebsordnung etc. den übrigen Gefolgschaftsangehörigen mit gutem Beispiel vorangehen sollen und sich nicht durch ständige Stänkereien, verbotene Anschriften, unpünktliche Einhaltung der Arbeitszeit und noch anderer verbotener Dinge bei der ganzen Gefolgschaft unbeliebt und verhasst machen.

Überdies können wir Sie versichern, dass wir wirklich wegen totalem Arbeitsmangel zu den vorgenommenen Kündigungen gezwungen waren und die Kündigungen selbst stets im Einvernehmen mit dem Vertrauensrat durchgeführt werden.

Mit deutschem Gruss !

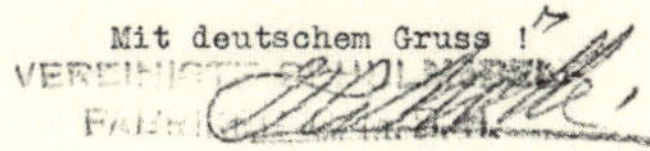

rechts
Antwort der VS an
den Bürgermeister
7.11.1934

Nationalsozialismus und Zweiter Weltkrieg

Mit der Machtergreifung der Nationalsozialisten am 31. Januar 1933 begann eine dramatische gesellschaftliche Umstrukturierung, die auch das wirtschaftliche Leben erfasste. Am Anfang standen gezielte Provokationen durch SA-Trupps und Parteipresse, dann kamen massive staatliche Eingriffe hinzu. Schon früh führte aber auch die freiwillige Selbstanpassung von Bevölkerung und Unternehmen an die neuen Verhältnisse zur allgemeinen Gleichschaltung.

Im Juli 1933 musste der ordnungsgemäß gewählte Bürgermeister Eugen Diebold sein Amt aufgeben, da er hauptsächlich von der Zentrumspartei unterstützt wurde. Das Innenministerium setzte den Eberbacher SA-Sturmbannführer Hans Knab an seine Stelle. Ab sofort sah sich auch die VS politischem Druck ausgesetzt. Beispielhaft sei ein Schreiben Knabs vom November 1934 an die VS genannt, in dem neben lokalpolitischen Vorzugsbehandlungen vor allem ein Sonderstatus für SA-Mitglieder gefordert wurde, was Hermann Mölle mit mutigen Worten zurückwies.

Die Zerschlagung der Gewerkschaften begann am 1. Mai 1933 mit der Besetzung ihrer Hauptquartiere und der Ausrufung eines »Tages der nationalen Arbeit«. Auch in Tauberbischofsheim wurden Mitarbeiterappelle unter Hakenkreuzfahnen abgehalten, und zwar im Rathaus, in der Sparkasse, im Badenwerk und bei der VS. Bis 1934 waren alle Berufsverbände von Arbeitern und Angestellten, aber auch die Arbeitgeberverbände unter dem Dach der »Deutschen Arbeitsfront« zusammengeführt. Die Betriebe unterstanden damit der Kontrolle der NSDAP.

Die Tauberbischofsheimer Bevölkerung war überwiegend streng katholisch und stand der Zentrumspartei nahe. Viele einflussreiche Geschäftsleute traten allerdings schon frühzeitig der NSDAP bei. Als sich abzeichnete, dass die Vergabe öffentlicher Aufträge an die Parteizugehörigkeit der Betriebsleitung geknüpft wurde, versuchte man auch bei der VS, sich zu arrangieren. Fritz Fromm als Prokurist der VS und Leiter der wichtigsten Niederlassung Stuttgart erklärte sich nach einem Gespräch mit Ernst Ramminger bereit, der NSDAP beizutreten, um dem politischen Druck nachzuge-

Gesamte Belegschaft am 10.12.1938 im Fabrikhof der VS mit Fahne der nationalsozialistischen Diktatur In der Mitte Direktor Hermann Mölle mit offenem dunklen Mantel und Schirmmütze weiter rechts erste Reihe: Prokurist Fritz Fromm mit Schnauzbart, kaufmännische Angestellte Lydia Mölle, Tochter des Direktors, Falk Müller mit meliertem Mantel und Brille

ben. Bei den Verfahren zur »Entnazifizierung« nach Kriegsende stellte sich allerdings heraus, dass mittlerweile viele der leitenden Angestellten Parteimitglieder waren, darunter auch mein Vater, Falk Müller. Ramminger war standhaft geblieben.

Trotz aller Versprechungen der neuen Regierung endete die wirtschaftliche Krise für die VS in den ersten Jahren der Diktatur nicht. Die Gemeinden hatten kein Geld und der Schulmöbelmarkt war auf ein Viertel seines Volumens von 1928 geschrumpft. Eine Verordnung der neuen Machthaber, dass alle Gemeinden ausschließlich die örtlichen Betriebe bei öffentlichen Ausschreibungen berücksichtigen sollten, traf die VS hart, denn bis dahin wurde selbstverständlich der gesamte Inlandsmarkt bearbeitet. Insgesamt scheinen die Nationalsozialisten das Bildungswesen eher stiefmütterlich behandelt zu haben. Bereits im April 1933 verabschiedeten sie ein »Gesetz gegen die Überfüllung deutscher Schulen und Hochschulen«, das den gesamten Sektor beschnitt. Die Förderung der Partei galt einerseits den eigenen Jugendorganisationen und Eliteschulen, die die Jugend in ihrem Sinn formen sollten. Andererseits bereiteten die Nationalsozialisten den Krieg vor.

Ab 1935 belebte sich das Geschäft für einige Jahre spürbar. Die Mitarbeiterzahl stieg schnell von 83 auf 160. Auf dem Firmengelände wurde angebaut und neue Maschinen kamen hinzu. In geringem Umfang entstanden neue Schulen in Deutschland, vor allem aber waren Wehrmachtsschulen einzurichten und Parteischulen aller Art. Infolgedessen waren Investitionen in bescheidenem Rahmen wieder möglich, die unter den Gesellschaftern jedoch kontrovers diskutiert wurden. Falk Müller trat 1937 die Nachfolge seiner Mutter als Inhaber von PJM und Gesellschafter der VS an. Er setzte sich mehrfach dafür ein, eine amerikanische Sattelsitzfräse zu beschaffen, die er während seiner 18-monatigen Tätigkeit in den USA kennengelernt hatte. Sein Antrag wurde in der Gesellschafterversammlung abgelehnt, nicht zuletzt weil Meinungsunterschiede zwischen den Gesellschaftern während der schlechten Geschäftsjahre die Atmosphäre stark belastet hatten.

Bereits ab 1937 waren die Auswirkungen der massiven Aufrüstung in Deutschland zu spüren, denn Metallwerkstoffe wurden kontingentiert. 1938 fanden durch den »Anschluss« des Sudetenlandes umfangreiche Truppenbewegungen auf der Bahn statt, sodass Transportsperren die Möbelauslieferung stark verzögerten. Im selben Jahr musste die VS neun hoch qualifizierte Facharbeiter an das Ausbesserungswerk der Reichsbahn in Lauda abgeben. Dennoch konnte der Umsatz auf hohem Niveau gehalten werden.

Das 40-jährige Firmenjubiläum der VS im Dezember 1938 gibt einen gewissen Einblick in diese Zeit der Konsolidierung der Diktatur, bevor mit dem Krieg der Untergang begann. Ausführlich berichtete das Lokalblatt, der »Tauber- und Frankenbote«, vom offiziellen Festakt, der, wie seinerzeit die Gründung, im Badischen Hof stattfand. Neben den Mitarbeitern, Direktoren und Gesellschaftern waren Vertreter von Stadt und Partei anwesend. Die Geschäftsleitung zollte dem neuen Zeitgeist den offenbar notwendigen Tribut und als zweiter Redner erhielt der Kreisobmann der »Deutschen Arbeitsfront« das Wort. Zwischen den Ansprachen gab es Liedvorträge und Marschmusik. Interessant ist, dass Direktor Ramminger auch an jene Kollegen Geschenke verteilte, die vom Funktionär der »Deutschen Arbeitsfront« nicht bedacht worden waren. Nach dem offiziellen Teil ging es unpolitisch weiter mit Festessen, Varieté-Darbietungen, Zauberkunststücken und Tanz. Auf dem Gruppenbild von Firmenleitung und Belegschaft wird pflichtschuldig die Hakenkreuzfahne gehalten. Man sieht allerdings keine Uniformen der Partei und nur vereinzelt die schmalen

links
Betriebskantine der VS, 1939

rechts
Produktion von Munitionskisten bei PJM 1939

»Hitlerbärte«. Dazu passt ein Protokoll des »Vertrauensrates« vom Juli 1937: Von 160 Beschäftigten hatten sich lediglich zehn freiwillig zur Betriebskampfgruppe der »Deutschen Arbeitsfront« gemeldet. Ein Foto des »Gemeinschaftsraums« mit der standardisierten ideologischen Wandgestaltung zeigt die Mitarbeiter ins Essen vertieft.
Durch Einberufungen zu Beginn des Zweiten Weltkrieges ab September 1939 reduzierte sich die VS-Belegschaft sofort von 180 auf 127 Mitarbeiter. Die Geschäftsführung stellte sich auf die Produktion von Munitionskisten ein, aber die entsprechenden Aufträge wurden wegen unklarer Kompetenzen innerhalb der Heeresverwaltung laufend abgeändert oder widerrufen. Infolgedessen konnten sogar 1940 und 1941, wenn auch auf geringerem Niveau, weiterhin Schulmöbel hergestellt werden. Ende 1941 waren bei der VS immerhin noch 85 ältere Mitarbeiter beschäftigt, dazu zehn angelernte Frauen und fünf »Slowenen«, vermutlich deportierte Zwangsarbeiter.
Ebenfalls in diesem Jahr musste auf Geheiß der »Deutschen Arbeitsfront« für 15.000 Mark ein Luftschutzbunker mit massiven Stahltüren errichtet werden. Der Bunker existiert noch heute; auf ihm wurde 1949/50 ein Direktorenwohnhaus für die Familien Falk Müller und Ernst Ramminger nach Entwürfen von Prof. Karl Nothhelfer gebaut. Ab 1942 durften keine Schulmöbel mehr produziert werden. Bis zum Herbst 1944 galt die VS nunmehr als Rüstungsbetrieb, allerdings nicht in der höchsten Dringlichkeitsstufe. Bei voller Auslastung wurden jährlich mehrere Tausend Munitionskisten produziert. Im Juli 1944 war auch damit Schluss: Die Heeresverwaltung beschlagnahmte schrittweise den Betrieb, und aus dem Raum Karlsruhe wurde eine Reparaturwerkstatt für Flugzeugmotoren und Funkgeräte in die Gebäude der VS verlagert, nachdem die amerikanische Armee in das oberrheinische Gebiet vorgerückt war. Die Nähmaschinenfabrik Haid & Neu, die als feinmechanische Fabrik komplett auf Rüstungsgüter umgestellt war, schaffte den Umzug zur VS nur noch teilweise. Für die geplante neue Fabrikation mussten jedoch alle Maschinen der VS ausgelagert und notdürftig in umliegenden Scheunen und Ställen untergebracht werden.
In den letzten Kriegsmonaten kam Tauberbischofsheim selbst noch vergleichsweise glimpflich davon und wurde nicht bombardiert. Die beiden Niederlassungen der VS in Stuttgart und München waren jedoch vollständig ausgebombt, ebenso die Firma PJM in Berlin. Mit dem Einmarsch der amerikanischen Soldaten in Tauberbischofsheim am 31. März 1945 wurde die VS beschlagnahmt, da die Anlagen randvoll mit Kriegsmaterial belegt waren. Inwieweit die Firma nach dem Kriegsende überhaupt den Betrieb wieder aufnehmen können würde, war angesichts der Katastrophe des Zweiten Weltkrieges unklar. Die Entscheidung darüber lag in den Händen des US-Militärs.
Über eine Betriebsgenehmigung mussten sich die Gesellschafter mit der amerikanischen Militärverwaltung auseinandersetzen, da mehrere von ihnen Parteimitglieder gewesen waren. Erst einmal wurde die VS unter Vermögenskontrolle gestellt. Glücklicherweise konnte Ernst Ramminger als Treuhänder eingesetzt werden, da er ja nicht in die Partei eingetreten war. Bis August durfte jedoch kein Beauftragter der VS die Fabrik betreten.
Der gesamte Bestand an Kriegsmaterial wurde schrittweise von der US-Armee abtransportiert. Im September und Oktober kamen die Maschinen der auswärtigen Rüstungsbetriebe an ihre Ursprungsorte zurück, die ausgelagerten Maschinen der VS konnten wieder aufgestellt und in Betrieb genommen werden. Not macht erfinderisch: Im Dezember 1945 fertigte die VS aus noch vorhandenen Holzkästchen für Gasmasken Kinderspielwaren.

oben links
»Aufstuhlen«
des Nothhelfer-Kufenstuhls,
um das Reinigen
des Fußbodens zu erleichtern
1954

oben rechts
weiterentwickelter Kufenstuhl
Foto ca. 1960
von links nach rechts:
Udo Ramminger, Axel Ramminger,
Thomas Müller, Helmut Boll
(mit freiem Oberkörper, um die
Sitzhaltung beurteilen zu können)

Unterricht im Freien
1950er Jahre

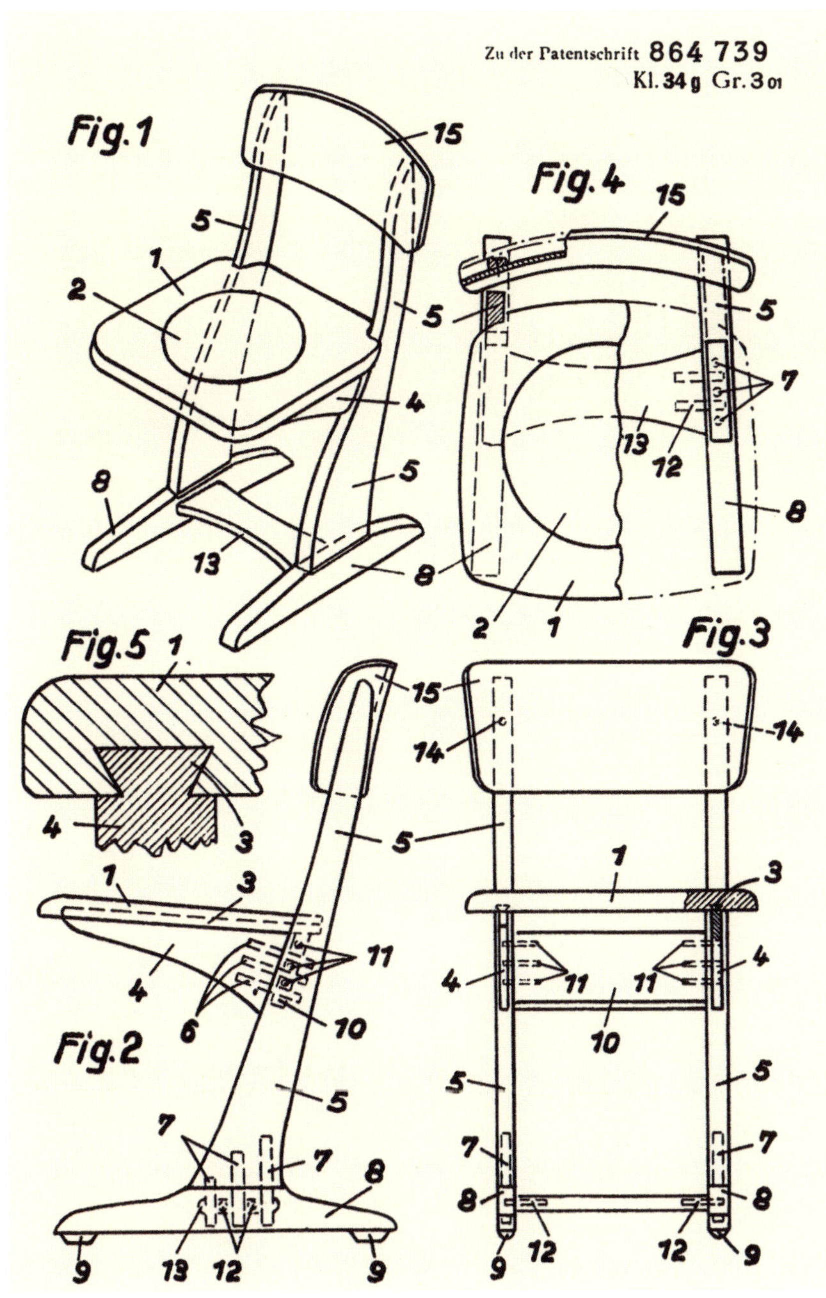

Kufenstuhl
Entwurf Karl Nothhelfer
Konstruktionszeichnung
aus der Patentschrift
1950

Belastungsprobe
VS-Werbeaufnahme

Lehrmittelschränke
Entwurf
Karl Nothhelfer
1958

Kufenstuhl und -tisch
mit vier alternativen
Möblierungen eines
Klassenzimmers
Entwurf Karl Nothhelfer
1952

Stahlrohrstuhl
Modell 1259
mit Schreibstütze
Entwurf
Karl Nothhelfer
1955

Wirtschaftswunder und Wiederaufbau in Westdeutschland

Massivholzmöbel in Großserienproduktion

Als im Januar 1946 die Schulmöbelproduktion allmählich wieder in Gang kam, war ein enormer Bedarf an Schuleinrichtungen absehbar: 60 Prozent aller Schulräume waren durch Kriegsschäden unbrauchbar. Zugleich stieg die Anzahl der Schulkinder in der Westzone durch den Zuzug der Flüchtlinge aus den ehemaligen Ostgebieten des Deutschen Reichs von 5,1 auf 7,2 Millionen.
Aus dem stark zerstörten Berlin kamen meine Eltern mit meinem älteren Bruder nach Tauberbischofsheim, um zusammen mit Ernst Ramminger den Wiederaufbau der Firma in die Hand zu nehmen. Falk Müller und Ernst Ramminger wurden 1947 von der Gesellschafterversammlung zu Geschäftsführern bestellt. Ramminger war für den Vertrieb zuständig, mein Vater für die Betriebsleitung und Produktentwicklung. Die Firma PJM führte er nach dem Zweiten Weltkrieg in Berlin weiter, aber ausschließlich als Vertretung der VS. Gegenüber der Vorkriegszeit war das Geschäftsgebiet enorm eingeschränkt und umfasste nur noch Westberlin.
Falk Müller hatte in Berlin die Schule bis zur mittleren Reife besucht und anschließend eine Lehre als Möbelschreiner bei den Deutschen Werkstätten in Dresden-Hellerau absolviert. In Berlin hatte er seine Mutter in der Geschäftsführung von PJM unterstützt. Anfang 1930 war er für ein Jahr in die USA gegangen, um dort praktische Erfahrungen als Bau- und Möbelschreiner bei der Cleveland School Furniture Company in New York zu sammeln. Die Grundlagen des Schulmöbelverkaufs hatte er in der Stuttgarter Vertretung der VS bei

Werksentwurf
Stahlrohrstuhl
nicht produziert
1953
»Vorgänger« der
Konstruktionsidee
von Verner Panton

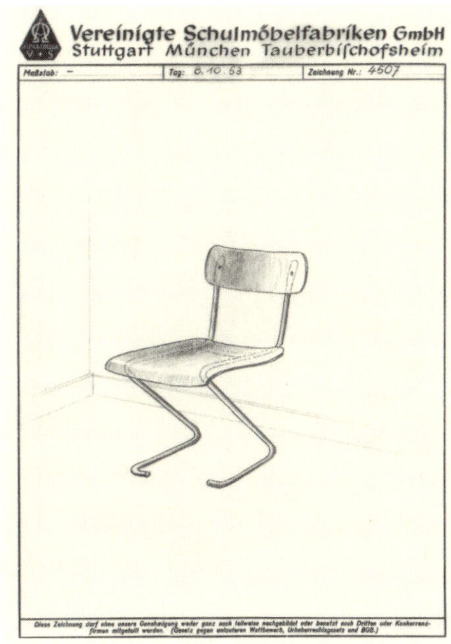

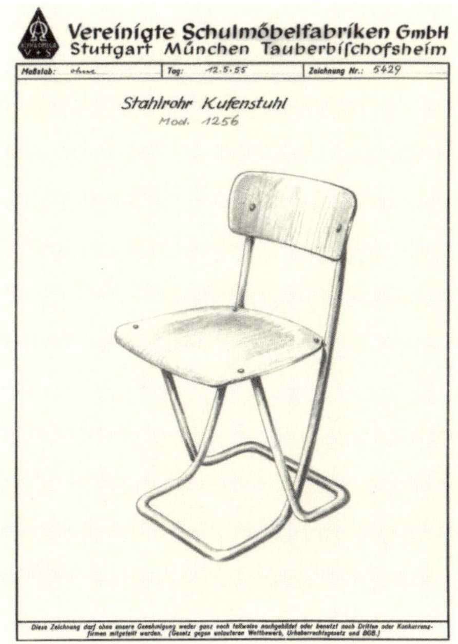

»Schlaufenstuhl«, Stahlrohr
Modell 1256
Entwurf Karl Nothhelfer
1955

unten
Prototyp und Vorläufermodell
des Stapelstuhls 1259
Entwurf Karl Nothhelfer
1952
(im Foto: Christian Müller)

Stuhl, 1954
Tisch, 1965
Entwurf Karl Nothhelfer

Friedrich Fromm erlernt und anschließend die Meisterprüfung im Schreinerhandwerk in Mannheim abgelegt.
Ebenfalls als Flüchtling gelangte Josef Jacobs ins Taubertal, der bereits über umfangreiche Erfahrungen als Techniker für Holzverarbeitung verfügte. Falk Müller übertrug ihm 1949 die Position des Betriebsleiters. Jacobs war dann bis 1979 der maßgebliche Fachmann für die automatisierte Großserienfertigung von Massivholzteilen, die er ab 1950 umsetzte und die 1972 in der Installation der Zuckermann-Transferstraße ihren Höhepunkt fand, sowohl in technischer wie auch in wirtschaftlicher Hinsicht. Eine Dokumentation dieser Technik findet sich in dem kurzen Fernsehfilm »Die Sendung mit der Maus: Wie wird ein Kufenstuhl hergestellt?«.

Karl Nothhelfer: Kufenstuhl und Neubauten auf dem Werksgelände

Nach dem Zweiten Weltkrieg waren die traditionellen Schulbänke als Instrumente der Disziplinierung endgültig nicht mehr gefragt. Man wollte auch hier einen Neuanfang. Die VS musste schnell eine überzeugende Alternative für die moderne Einrichtung von Klassenzimmern finden. Falk Müller engagierte für diese entscheidende Aufgabe den Architekten und Designer Prof. Karl Nothhelfer, den er bereits aus Berlin kannte.
Der 1900 geborene Nothhelfer stammte selbst aus einer Schreinerfamilie und studierte unmittelbar nach dem Ersten Weltkrieg Architektur in Karlsruhe. 1928 wurde er Lehrer an der Höheren Fachschule für Möbelbau und Innenarchitektur

Architekt Karl Nothhelfer
Wohnhaus
1952
rechts vom Hauptgebäude
links davon:
neues Bürogebäude
1956

Hauptgebäude von 1924
Foto, 1952
Der Mercedes wurde 1940
eingemauert und so vor dem
Zugriff der Wehrmacht gerettet
An der Gebäudeecke:
Thomas Müller als Fünfjähriger

in Berlin, später, nach ihrer Umbenennung zur »Bauschule für Raumgestaltung«, dann deren Leiter. Zwischen 1937 und 1950 war er Autor mehrerer Standardwerke zum Möbelbau. Nothhelfer hat sich in seiner Arbeit immer wieder auf sein großes Vorbild Bruno Paul berufen. Auch sein Möbelbuch, herausgegeben vom »Amt Schönheit der Arbeit«, einer Unterorganisation der »Deutschen Arbeitsfront«, knüpft mit seiner Betonung von Schlichtheit und handwerklicher Materialgerechtigkeit an die Tradition des Werkbunds an. Es reflektiert aber auch den Zeitgeist des Nationalsozialismus. In seiner Leitungsfunktion an der Bauschule galt er vermutlich als belastet. Jedenfalls startete Nothhelfer nach dem Krieg neu als freier Architekt mit Sitz am Bodensee. Ab 1947 bekam er von der VS die einmalige Chance, das gesamte neue Möbelprogramm zu gestalten. Dieses Programm sollte über Jahrzehnte Bestand haben und umfasste vor allem Massivholzmöbel, also Stühle und Tische sowie Schränke und Korpusmöbel aller Art. Sein Meisterstück war die Gestaltung des Kufenstuhls, der 1952 auf den Markt kam. Als erster zweibeiniger Stuhl für Schulen war dieses Modell, in Kombination mit dem Kufentisch, platzsparend: ein schlagendes Verkaufsargument angesichts der überfüllten Schulklassen der Nachkriegszeit. Durch das »Huckepackprinzip« des »Aufstuhlens« – das heißt das Auflegen des Stuhles auf die Tischplatte – konnte die Reinigung des Klassenzimmers problemlos durchgeführt werden. Bis 1990 hat die VS circa sechs Millionen dieser Kufenstühle hergestellt, und selbst heute gibt es noch eine geringe Nachfrage, insbesondere von Waldorfschulen.

Letzter Bauabschnitt Werk 1
nach Planung von
Karl Nothhelfer
anstelle des abgerissenen
alten Hauptgebäudes
(siehe links)
Oktober 1971

Erster Bauabschnitt Werk 1
Richtfest 1965
2. von links: Falk Müller
3. Ernst Ramminger
4. Prof. Karl Nothhelfer
5. Herbert Jana
Bauunternehmer

Ernst Ramminger
in seinem
neuen Büro
1956

Voraussetzung für den zweibeinigen Stuhl mit auskragendem Sitz war eine spezielle Verdübelung als Holzverbindung und eine sehr passgenaue Verarbeitung. Für die konstruktive Ausarbeitung erhielt Falk Müller ein Patent. Der große Erfolg dieses Stuhles führte zu vielen Nachahmungen. Einsprüche gegen das Patent konnten 1958 in letzter Instanz vor dem Bundesgerichtshof abgewiesen werden , und damit war der Grundstein gelegt für ein rasches Wachstum der Firma bis circa 1970. Der Nothhelfer-Stapelstuhl in Stahlrohr von 1954 wird noch heute in beachtlichen Stückzahlen produziert.
In dieser Zeit des Aufschwungs wurde Nothhelfer von Falk Müller beauftragt, als Architekt alle Neubauten der VS zu entwerfen. Zwischen 1952 und 1972 entstanden das Wohn-

Falk Müller
in seinem
neuen Büro
1956

haus der Familien Müller und Ramminger, das Bürogebäude mit Ausstellung, das gesamte Werk 1 in mehreren Bauabschnitten, das Kesselhaus als Heizkraftwerk sowie das Werk 2, Letzteres vorwiegend errichtet aus Fertigbauteilen. Durch diesen Masterplan ergab sich ein geschlossenes bauliches Erscheinungsbild der VS, das bis heute erhalten ist. Sämtliche Gebäude der Ära Nothhelfer werden nach wie vor genutzt und kontinuierlich instandgehalten.

Aufholen im Wettbewerb

Bereits 1950 beschäftigte die VS wieder 195 Mitarbeiter, bis 1974 wuchs die Zahl auf 670. Entsprechend stieg die jährliche Kapazität der Stuhlherstellung von 41.000 auf 430.000 Stück und der Jahresumsatz von 2,2 auf 50 Millionen DM.
Bedingt durch die große Nachfrage waren nach dem Zweiten Weltkrieg viele weitere Stuhl- und Tischfabriken auf den Gedanken gekommen, in das Schulmöbelgeschäft einzusteigen. Neben den angestammten Firmen VS und Hohenloher Schulmöbelfabrik kamen hinzu: die Firmen Casala in Lauenau als größter Betrieb, Fritz Flötotto Möbelfabrik in Gütersloh sowie Adam Stegner Schulmöbel in Stockheim. Diese fünf Firmen bestimmten im Wesentlichen den Markt und konnten sich gut entwickeln; daneben gab es noch etwa zehn weitere kleinere Firmen.
Ab 1970 war die VS wieder Marktführer, wenn auch mit geringem Abstand zu den Konkurrenten und mit einigen Defiziten in der Produktpalette und der Metallverarbeitung. Dieser Erfolg war auch dem lückenlosen Aufbau eines Vertriebsnetzes zu verdanken. Da Schuleinrichtungen in Deutschland fast ausschließlich im Direktvertrieb per Ausschreibung an die Kommunen und Städte verkauft werden, spielt der Handel keine Rolle, und jeder der fünf größeren Hersteller verfügte über eine eigene Verkaufsmannschaft.
Nach der Pensionierung von Ernst Ramminger Ende 1955 lag diese Aufgabe von 1956 bis 1979 in den Händen von Josef Boll, der mit dem systematischen Aufbau von insgesamt sechs Niederlassungen flächendeckend die gesamte Bundesrepublik für die VS erschlossen hat. Sein hauptsächliches Augenmerk lag auf Norddeutschland, wo das Unternehmen bis dahin relativ schlecht vertreten war. Heute wird in keinem Unternehmen die herausragende Rolle von Marketing und Vertrieb infrage gestellt, aber in der Zeit von 1945 bis 1970 war in den meisten Fabrikationsbetrieben das Primat der Produktionstechnik unbestritten. Dies galt in besonderem Maße für die VS. Etliche Konflikte führten dazu, dass Josef Boll 1962 seine Kündigung einreichte. In kurzen Abständen folgten insgesamt vier Verkaufsleiter, die alle an ihrer Aufgabe scheiterten, und Falk Müller war dankbar, als er 1969 Josef Boll wieder für die VS zurückgewinnen konnte. Unter seiner Führung entwickelten sich viele jüngere Verkaufstalente, unter anderen Werner Köstler, der später die Verkaufsleitung übernahm.

linke Seite
Ablängen von Brettern mit der Pendelsäge
1952

Verleimen von Hobelware zu Tischplatten auf dem Verleimstern
1952

Montage der Kufenstühle
1953

7,3 m²

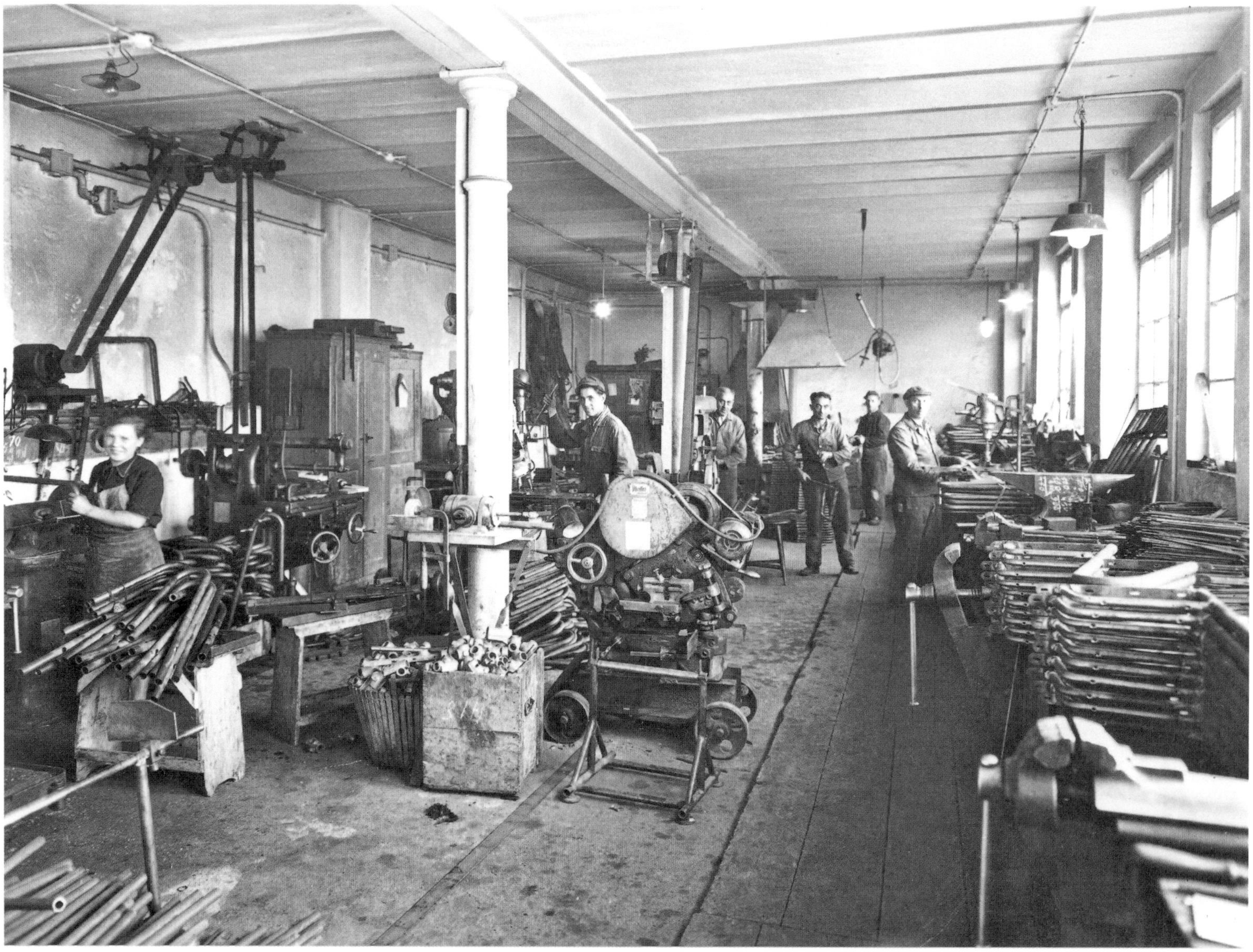

linke Seite

Verpacken von Kufenstühlen, 1952

Verladen von Schulmöbeln in den Eisenbahnwaggon, 1951

linke Seite unten
Stahlrohrschlosserei 1948

Übernahme des Sägewerks »Paul Gehrig«, 1957

unten
Stahlrohrverarbeitung bei der VS
1954
links im Bild: Ablängsäge
in der Mitte: Biegemaschine
rechts: Biegen »von Hand« mit Vorrichtung

Sprengung des Schornsteins des ehemaligen Sägewerks Gehrig zwecks Neubau, Fränkische Nachrichten 1964

So sieht es aus, wenn ein Schornstein gesprengt wird. Er mußte auf dem Gelände der Vereinigten Schulmöbelfabriken in Tauberbischofsheim am Donnerstagmorgen neuen Baumaßnahmen Platz machen. Unsere Bilder zeigen (von links): Noch steht der Schornstein, die Sprengladung ist angebracht. — Eine starke Detonation, Pulverdampf und Staub schießen aus dem Fuß heraus. — Bruchteil einer Sekunde später: die Sprengladung hat ein Loch in die Kaminwand geschlagen und damit dem Schornstein seine Standfestigkeit genommen. — Er kippt über die Seite, in die das Loch gesprengt wurde. — Die Neigung beträgt weniger als 45 Grad. Nach dem Kippen ist der Schornstein auch schon in sich zusammengesackt und erheblich kleiner geworden. Im nächsten Augenblick wird er sich am Boden in einzelne Backsteine auflösen. — Die Sprengung wurde von Soldaten der Panzerpionierkompanie 360, Bad Mergentheim, ausgeführt. Angeordnet war sie von der 12. Panzerdivision. Mit der Sprengung sollte ein bestimmter Ausbildungszweck erfüllt und mit möglichst kleiner Ladung ein großer Effekt erzielt werden. *Aufn.: Ringsdorf/Aprill*

unten
Holzlager für Schnittholz 1955 und 1970

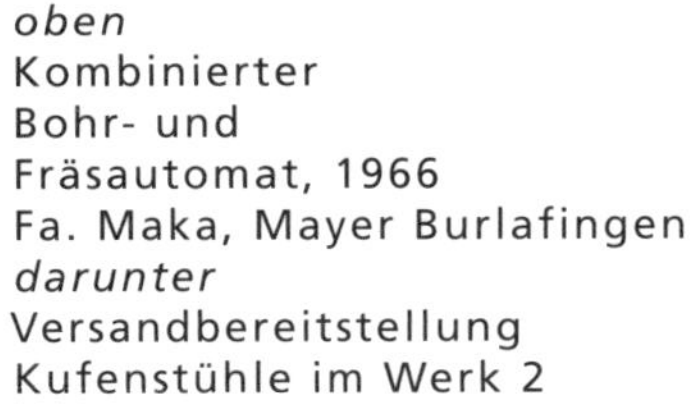

oben
Kombinierter
Bohr- und
Fräsautomat, 1966
Fa. Maka, Mayer Burlafingen
darunter
Versandbereitstellung
Kufenstühle im Werk 2

Besuch des
Bundespräsidenten Heinemann
in der Humboldt Oberschule
Berlin-Tegel, 1970
(VS-Kufenstühle und -tische)

oben
Längs-Kopiermaschine
für Stuhl- und Tischbeine
»Wigomat«, 1965

oben
Werk 2
Entwurf
Karl Nothhelfer,
errichtet aus
Fertigbauteilen
der Fa. Normko,
Essen, 1974

Erstes
Kundendienst-
fahrzeug der VS
1954

Erster LKW
mit VS
Beschriftung
1956

1965: Die VS baut
einen eigenen
Werks-Fernverkehr auf

oben
Pressenanlage
Fa. Dieffenbacher, Ettlingen
zur Herstellung
der Lignodur-Tischplatte
Foto 1965

Adapta-Schrankwand
mit VS-Schreibtisch
VS-Prospekt
circa 1970

VS-Drehstuhl
Triennale Mailand 1960
Entwurf Falk Müller

Neue Materialien für eine erweiterte Produktpalette

Nach dem großen Erfolg von Nothhelfers Kufenstuhl gelang der VS 1960 eine weitere Produktinnovation, die seinerzeit einen großen Fortschritt darstellte. Mit einem Druck von ca. 200 bar und 180 Grad Celsius ließ sich in einem Pressvorgang aus Buchenholzspänen eine nahezu unzerstörbare Tischplatte herstellen. Josef Jacobs war in Frankreich auf das Patent dieses Thermodyn-Verfahrens gestoßen, wo es bereits für die Herstellung von sehr stabilen Toilettensitzen verwendet wurde. Nun machte er es erstmalig für Tischplatten nutzbar. Die VS konnte damit im Unterschied zu den Wettbewerbern eine Tischplatte mit fast unbegrenzter Nutzungsdauer anbieten. Wegen der hohen Investitionskosten hatte bisher kein Konkurrent diese Technologie aufgegriffen. Noch heute, mehr als 60 Jahre nach der Einführung, ist diese Tischplatte ein Alleinstellungsmerkmal, auch unter ökologischen Gesichtspunkten. Die bei der Holzverarbeitung anfallenden Buchenspäne, die bis dahin als Abfall bestenfalls thermisch genutzt werden konnten, wurden jetzt zum Rohstoff für ein neues Produkt. Seit Einstellung der eigenen Vollholzproduktion in den 1990er-Jahren werden für die Thermodyn-Produktion Holzreste anderer Hersteller zugekauft.

Bis 1960 waren die Schulbank beziehungsweise Stuhl und Tisch die hauptsächlichen Träger des Schulmöbelgeschäftes. Nun kamen Schranksysteme hinzu. Veränderte Lernmethoden, Ganztags- und Gesamtschulen schufen die Nachfrage nach deutlich mehr Schrankraum für Lehrmaterialien in den Klassenzimmern und den Vorbereitungsräumen. Außerdem entstanden größere Schulverwaltungen mit entsprechendem Bedarf an Stauraum und Büroarbeitsplätzen.
Zugleich veränderte sich ab 1960 der Möbelbau für Schränke und Korpusmöbel grundlegend. Anstelle der Bauweise mit Vollholzrahmen und Füllungen zum Beispiel aus Sperrholz traten die Spanplatten. Sie benötigten konstruktiv keinen Vollholzrahmen mehr, erforderten aber fertigungstechnisch eine vollkommen andere und neue maschinelle Ausstattung. Die VS ließ sich mit dieser Umstellung, von der die gesamte Möbelindustrie erfasst wurde, viel Zeit, brachte aber 1969 mit dem Adapta-Schrankwandprogramm ein Produkt auf den Markt, das über die Jahre viel Zuspruch fand.
Steigende Holzpreise und die hohen anteiligen Lohnkosten bei der Vollholzverarbeitung setzten den Stuhl- und Tischbau ab 1970 unter starken Kostendruck. Noch entscheidender waren jedoch die Anforderungen der jüngeren Schulbauarchitekten, die leicht gebaute, stapelbare und flexible Einrichtungen für die Klassenzimmer forderten. Diese Wün-

VS-Kufenstuhl aus Oval-Stahlrohr
Sitz und Lehne Sperrholz, 1974
VS-Kufenstuhl aus Oval Stahlrohr
Sitz und Lehne Polypropylen, 1975
Entwurf: Falk Müller

unten
Kufenstuhl
Entwurf Karl Nothhelfer, 1968
Bundespreis
»Gute Form«, 1971

sche waren mit Stahlrohrmöbeln viel leichter zu erfüllen als mit Holzmöbeln. In Tauberbischofsheim hatte man jedoch viel Geld in die Massivholzverarbeitung investiert, einschließlich eines eigenen Sägewerkes, und die Geschäftsführung wollte die bestehenden Anlagen möglichst gut auslasten, um die Produktionskosten stabil zu halten. Eine breitere Modellpalette insbesondere von konkurrenzfähigen Stahlrohrmöbeln wurde von Falk Müller und Josef Jacobs aus Gründen der Investitionskosten lange Zeit abgelehnt, obwohl sie aus Sicht der Verkäufer der VS sehr wünschenswert gewesen wäre.

Zwar brachte die VS einige gut gestaltete Stahlrohrmöbel auf den Markt. Aufgrund seiner Designqualität wurde zum Beispiel der Drehstuhl von Falk Müller auf der Weltausstellung 1958 in Brüssel und der 12. Triennale in Mailand gezeigt. Der Stahlrohrkufenstuhl, entworfen 1965 von Karl Nothhelfer, erhielt 1971 den Bundespreis »Gute Form«. Da aber die Stahlrohrfertigung bei Weitem nicht auf dem technischen Niveau der Holzfertigung war, betrug der Anteil der Stahlrohrmöbel bis 1965 lediglich circa 15 Prozent der Gesamtproduktion. Dieses Problem wurde ab 1970 immer dringlicher, weil die Kunden eindeutig Stahlrohrmöbel bevorzugten und bereits alle Wettbewerber der VS diesem unübersehbaren Trend gefolgt waren.

Mit dem Entwurf des Kufenstuhls aus ovalem Stahlrohr, entworfen von Falk Müller, fand die VS 1973 wieder den Anschluss an den Wettbewerb. Insbesondere das geringe Gewicht, das perfekte »Aufstuhlen« und die gute Stapelbarkeit überzeugten die Kunden. Aktuell ist die Spanplattenverarbeitung zusammen mit der Stahlrohrfertigung die wichtigste Kernkompetenz der VS, während die Vollholzproduktion bedeutungslos geworden ist.

Glücklicherweise stand die ehemalige Strickwollefabrik Schachenmayr in unmittelbarer Nähe der VS zum Verkauf. Damit ergab sich die Möglichkeit, sehr schnell auf ausreichender Fläche eine leistungsfähige Metallverarbeitung aufzubauen. Der Erfolg dieses relativ leichten Stapelstuhls ermunterte Falk Müller, erstmalig für Schulstühle die Möglichkeiten der Kunststofftechnik einzusetzen. Zusammen mit dem erfahrenen Zulieferer Streuber & Lohmann (SULO) entschied sich die VS für geblasene Polypropylen-Sitze und -Lehnen. Damit fand geblasenes und doppelwandiges Polypropylen erstmalig in der Stuhlherstellung Verwendung. Vergleichbar mit dem Kufenstuhl von Karl Nothhelfer hat dieses Produkt den Markt für Schuleinrichtungen von 1975 bis 2000 dominiert, bevor es durch den Freischwinger abgelöst wurde, den Verner Panton 1994 für die VS gestaltet hat.

Stagnation und fehlgeschlagene Diversifikation

In den 30 Jahren von 1945 bis 1975 hatte die VS eine erstaunlich gute Entwicklung genommen und war zu einem starken mittelständischen Industrieunternehmen mit hoher eigener Wertschöpfung gewachsen. Im Jahr 1974 betrug die Produktionskapazität der drei wichtigsten Produktgruppen 430.000 Stühle, 205.000 Tische und 15.000 Schränke. Aber bereits im Folgejahr war eine Marktabschwächung im Schulmöbelgeschäft deutlich spürbar. Mit den vielen neu gebauten Gesamtschulen war der Bedarf an Schulbauten für viele Jahre gedeckt. Außerdem gingen die prognostizierten Schülerzahlen wegen geringerer Geburtenzahlen, dem sogenannten Pillenknick, stark zurück, und zwar von 1,1 auf 0,6 Millionen Geburten pro Jahr. Der VS standen schwierigere Zeiten bevor.

Zwischen 1976 und 1986 gelang es der VS nicht, ein neues Produkt auf den Markt zu bringen, das von Bedeutung gewesen wäre. Lediglich das Adapta-Schrankwandprogramm für Lehrerzimmer und Schulverwaltungen wurde von der VS selbst entworfen beziehungsweise weiterentwickelt. Die Nachfrage nach Schuleinrichtungen blieb bestenfalls auf stagnierendem Niveau. In Anbetracht der bescheidenen Geschäftsaussichten trafen sich Falk Müller und Herrmann Schaffitzel als Eigentümer der Firma Hohenloher Schulmöbelfabrik mehrfach, um eine Fusion auszuloten, die positive Synergieeffekte bewirken sollte. Nachdem bereits ein Firmenmantel mit dem Namen COPROJEKT gegründet war, untersagte jedoch das Bundeskartellamt diesen Zusammenschluss mit dem Argument, diese neue Firma würde den Wettbewerb einschränken, da sie zu marktbeherrschend wäre.

Insofern musste die Geschäftsführung schwerwiegende Personalentscheidungen, die sowieso anstanden, ohne das Konzept der Fusion lösen. Altersbedingt beendeten Vertriebsleiter Josef Boll und Produktionsleiter Josef Jacobs 1979 ihre Tätigkeit für die VS. Für Josef Boll konnte erst 1987 mit Werner Köstler ein geeigneter Nachfolger aus der VS benannt werden, nachdem zwei externe Einstellungen nicht erfolgreich waren. Ähnlich schwierig war die Besetzung der Betriebsleitung. 1982 war mit Franz Bernhard endlich wieder ein qualifizierter Nachfolger gefunden. 1981 wollte Falk Müller sich als 75-Jähriger schrittweise zurückziehen, mit mir ergab sich jedoch vorerst keine Nachfolge aufgrund unterschiedlicher Auffassungen über die Aufgabenverteilung.

Die VS war in dieser Zeit vor mehrere Probleme gestellt, die gute Geschäftsergebnisse verhinderten. Zum einen galt das Produktangebot als veraltet, zum anderen war der Inlandsmarkt relativ schwach und die Exportquote betrug lediglich fünf bis zehn Prozent des Umsatzes. Wieder stellte sich die Frage nach alternativen Geschäften. Noch 1976 knüpfte Josef Jacobs Kontakte zu Küchenherstellern, die Zulieferer suchten für Küchen im Landhausstil, deren Fronten aus massivem Eichenholz bestanden. Nach Abschluss der Lieferverträge fertigte die VS Küchentüren und Schubkastenvorderstücke für Hersteller wie Nobilia, Tielsa, Siematic und Bosch, in den besten Zeiten für circa zehn Millionen DM im Jahr. Ab 1986 ging dieser Absatz aber stark zurück, weil sich der Kundengeschmack grundlegend änderte, zugleich wurde die Konkurrenz durch ausländische Anbieter immer stärker. Mit Hans-Georg Jäger wurde 1980 ein externer Nachfolger für Falk Müller gefunden. Die Ausgangslage für die neue

linke Seite
VS Winter
Schreibtischkombination
für Banken
1986

Von der VS
gefertigte
Küchenfront
in Vollholz
um 1980

Geschäftsführung war jedoch kritisch. Die beiden Auslandstöchter der VS, Mobilier VS in Versailles und VS Linz in Österreich, erzielten bereits über einige Jahre hinweg rückläufige Umsätze. Sie mussten aufgrund vollständigen Kapitalverlustes saniert werden; neues Kapital war von der Muttergesellschaft aufzubringen. Die Firma Tielsa als wesentlicher Kunde für Küchenfronten fiel wegen Konkurs aus und bezahlte bereits gelieferte Ware nicht mehr. Auch der alleinige Vertriebspartner der VS in Holland konnte erhebliche offene Rechnungen wegen Konkurs nicht begleichen.

Vor diesem Hintergrund gelangte die Produktion von Schultafeln verstärkt in den Blick. Schultafeln waren bei der VS zwar seit Jahrzehnten im Programm. Dieses Segment wurde aber nur halbherzig betreut. Infolgedessen waren einige Firmen, die ausschließlich Schultafeln produzierten, der VS überlegen. Um im Schultafelgeschäft wieder bessere Erfolge zu erzielen, übernahmen wir 1982 den technisch führenden Hersteller, die Firma Zeitter mit circa 50 Mitarbeitern in Lorch bei Stuttgart. Die Integration dieses Betriebes in Tauberbischofsheim misslang jedoch vollständig. Der leitende technische Geschäftsführer in Lorch war zu guter Letzt nicht bereit, an die Tauber umzuziehen, und gründete am bestehenden Standort mit einem Großteil der Mitarbeiter von Zeitter eine eigene Firma. Infolge dieser vielfältigen Rückschläge und der allgemein schlechten Konjunktur für Schuleinrichtungen musste die VS schließlich Personal reduzieren und Kurzarbeit einführen.

Da die Ergebnisse schwach blieben und vor allem die Akzeptanz bei den Mitarbeitern nicht gegeben war, wurde Hans-Georg Jäger schon nach zwei Jahren gegen eine hohe Abfindung entlassen. 1982 ging die Personalsuche nach einem neuen Geschäftsführer weiter. Die kaufmännische Verwaltung blieb in den bewährten Händen von Georg Bauernschmitt. Der nachfolgende Geschäftsführer Herbert Wiesmann wollte sofort in zwei neue Geschäftsfelder diversifizieren und sah die Zukunft der VS in gleichen Teilen als Anbieter von Mobiliar für Schulen, Sozial- und Weiterbildungseinrichtungen sowie Banken und Verwaltungen. Der Markteintritt in diese Geschäftsbereiche gestaltete sich jedoch komplizierter als erwartet, und deswegen erwarb die VS 1983 aus der Insolvenz die Firma Winter in Minden, die auf Bank- und Büroeinrichtungen spezialisiert war, mit insgesamt 190 Mitarbeitern. Entsprechend erfolgte eine erneute und bis heute geltende Änderung des Namens von VS Vereinigte Schulmöbelfabriken zu VS Vereinigte Spezialmöbelfabriken. Gleichzeitig wurde das Logo neu gestaltet.

Die Restrukturierung der Firma Winter, die jetzt als VS Winter firmierte, scheiterte jedoch schon nach drei Jahren. 1986 musste die VS bei einem eigenen Umsatz von 65 Millionen DM durch die Bürgschaften für VS Winter einen enormen Verlust von 10,8 Millionen DM hinnehmen. Diese Verluste wurden erst 1987 durch die Wirtschaftsprüfung in voller Höhe offengelegt. Da sich bereits in den Vorjahren negative Ergebnisse aufsummiert hatten, befanden sich sowohl die VS als auch VS Winter in einer existenzbedrohenden Situation. Hinzu kam, dass mein Vater erkrankt war. Noch Ende 1986 hatte er mir eine Generalvollmacht für seine Geschäftsanteile übergeben. Falk Müller verstarb am 22. August 1987 im Alter von 81 Jahren.

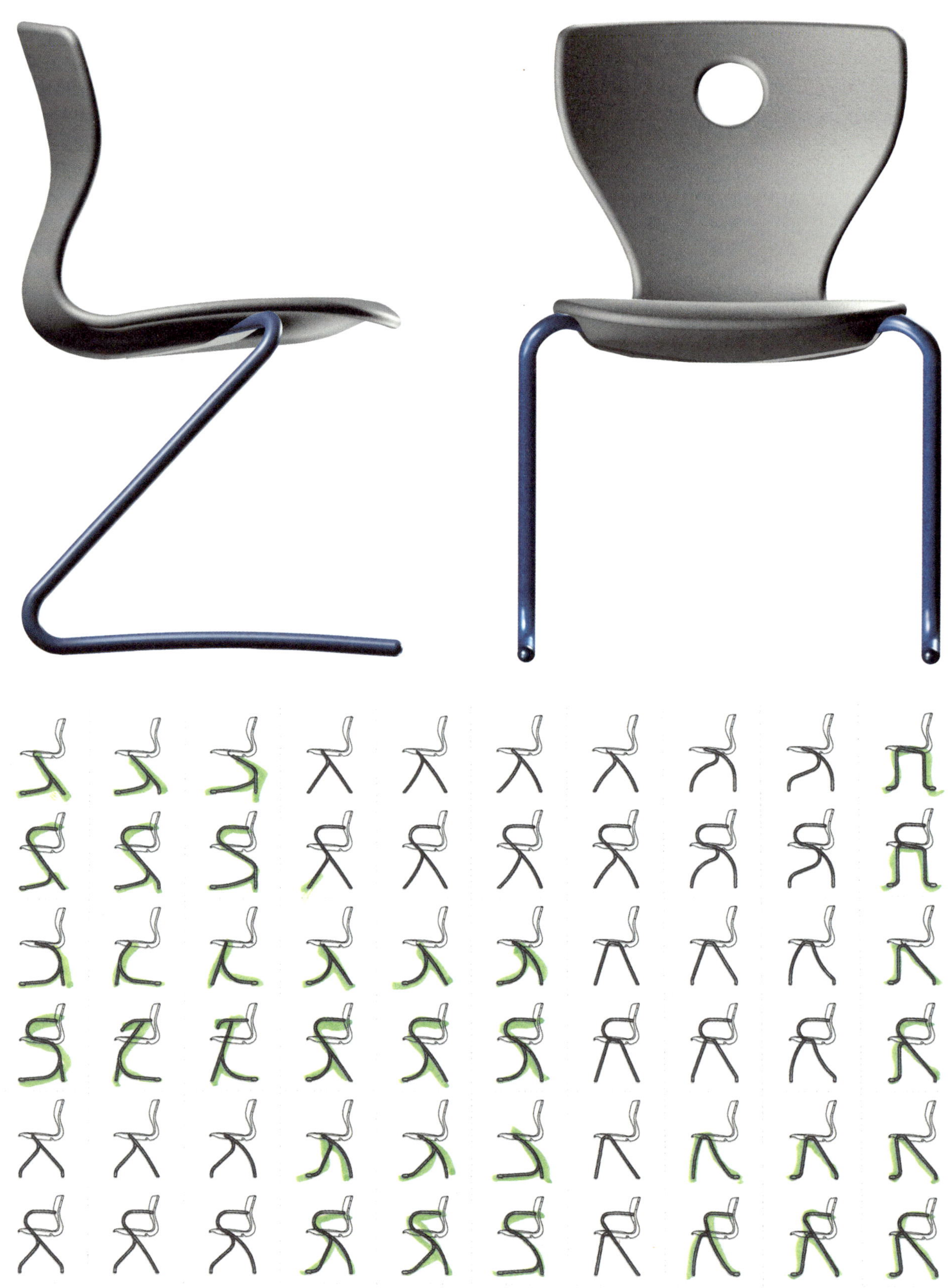

oben
PantoSwing mit Luft-
polster-Sitzschale (LuPo)
Design Verner Panton,
1995

Verner Panton
Entwurfsprozess
von Varianten für
das Untergestell

VS-Prospekt
der Panton-Stuhlfamilie
2000

Ergosynchron-Stuhl
und Ergo-Tisch
1992

Neubeginn im wiedervereinigten Deutschland

Führungswechsel

Mit der Unterstützung aller Gesellschafter übernahm ich im September 1987 den Vorsitz der Geschäftsführung bei der VS. Gleichzeitig wurde Hanns-Frieder Fromm, der Sohn von Fritz Fromm, Vorsitzender der Gesellschafterversammlung. Mit der guten Zusammenarbeit zwischen Hanns-Frieder Fromm und mir endeten die jahrzehntelangen Streitigkeiten unter den Gesellschaftern.

Um meiner neuen großen Verantwortung gerecht zu werden, hatte ich bereits einige fachliche Erfahrungen sammeln können. Geboren 1947 in Tauberbischofsheim, studierte ich nach dem Abitur und dem Abschluss der Schreinerlehre an der Fachhochschule Rosenheim Holz- und Kunststofftechnik und anschließend Maschinenbau und Betriebswirtschaft an der TU Berlin. Als Assistent und Doktorand an der TU Berlin beauftragte mich mein Professor mit zahlreichen Projekten der Fabrikplanung und Logistik, zunächst bei der Bosch-Küchenmöbelfabrik und danach bei den Firmen BMW und Daimler-Benz. Ermutigt durch die positive Resonanz, gründete ich mit einigen Absolventen der TU Berlin die eigene Firma Logiplan als Beratungsunternehmen für Logistik und Fabrikplanung. Nach der Promotion übertrug mir die Fachhochschule Hamburg die Professur für Fördertechnik und Logistik. Hier konnte ich ebenfalls etliche Projekte in der Industrie durchführen, allerdings waren die Entwicklungsmöglichkeiten und Handlungsspielräume an der Fachhochschule begrenzt. Mit der Vollmacht meines Vaters sah ich realistische Möglichkeiten, bei der VS wieder solide Geschäftsergebnisse zu erreichen und auch meine eigenen beruflichen Ziele zu erreichen.

Auf meinen Vorschlag hin übernahm Werner Köstler, der bereits 1963 zur VS gekommen war, die Vertriebsleitung, zugleich wurde Herbert Wiesmann entlassen und die Firma VS Winter musste durch Konkurs ihre Geschäftstätigkeit beenden. Der Geschäftsführer von VS Winter wurde rechtskräftig wegen Betrug und Bilanzfälschung verurteilt. Mehrere äußerst kostspielige Verträge mit Unternehmensberatern,

Transferstraße für Stahlrohr-Kufenstühle 1993

Paletten-Hochregallager 1994

die eingesetzt worden waren, um die Vertriebsmannschaft neu auszurichten und zu motivieren, wurden ebenfalls gekündigt beziehungsweise nicht verlängert. Damit war das Kapitel VS Winter beendet, bis auf eine Personalie. Bei der VS bestand wegen der Pensionierung des bisherigen Stelleninhabers die Notwendigkeit, die Position des Leiters der Produktentwicklung und Konstruktion neu zu besetzen. Da Reinhard Weber bei der VS Winter seine Fähigkeiten bereits unter Beweis gestellt hatte, kam er mit zwei weiteren Mitarbeitern nach Tauberbischofsheim.

Meine vordringliche Aufgabe bestand nun darin, das Vertrauen der Mitarbeiter in die Geschäftsführung wiederherzustellen und das Geschäftsmodell der VS klar auszurichten: Das Schulmöbelgeschäft bekam wieder die oberste Priorität. Die Investitionsmöglichkeiten waren zunächst wegen der Altschulden stark beschränkt. Immerhin war es in der Vergangenheit möglich gewesen, ein erstes Bearbeitungszentrum in CNC-Technik (Computerized Numerical Control) für die Spanplattenbearbeitung in Betrieb zu nehmen, ebenso die ersten Schweißroboter in der Stahlrohrverarbeitung. Weitere Investitionen folgten, insbesondere für die Produktion der Stahlrohrstühle in Ovalrohr mit den dazugehörigen Tischen. Erwähnenswert ist in diesem Zusammenhang der Vertrauensvorschuss der Sparkasse Tauberbischofsheim durch entsprechende Kredite.

Werner Köstler verstand es, die Vertriebsmannschaft für seine Ziele zu gewinnen, sodass ehrgeizige Planungen bald Realität wurden. Schon 1987 stieg der Umsatz auf 81 Millionen DM und fünf Jahre später erzielte die VS einen Umsatz von 202 Millionen DM. Voraussetzung hierfür war natürlich eine zunehmende Nachfrage, die sich auch der Wiedervereinigung Deutschlands verdankte. Um den Bedarf in den neuen Bundesländern besser bearbeiten zu können, verkaufte ich 1991 die Firma P. Johannes Müller an die VS, die zugleich eine eigene Niederlassung in Berlin gründete. Insgesamt hat die VS in dieser Zeit deutlich ihren Marktanteil gesteigert, während die Wettbewerber Casala und Flötotto weit zurückfielen.

Schreibtisch
Entwurf Günter Behnisch
mit Hubertus Eilers
1988

Es ist das Verdienst des Betriebsleiters Franz Bernhard und der Abteilung Fertigungsplanung, dass die Produktion mit dem Auftragseingang Schritt halten konnte. Ein Meilenstein mit einem Kostenaufwand von sechs Millionen DM war die Beschaffung einer vollautomatisierten Transferstraße für die Stuhlproduktion. Diese Anlage, konzipiert von ABB in Mannheim, war die logische Fortsetzung eines verketteten Konzeptes in Anlehnung an die Zuckermann-Maschine der Massivholzfertigung, nun allerdings bezogen auf Stahlrohrstühle und die aktuellen technischen Möglichkeiten in der Metallverarbeitung. Nach der Inbetriebnahme 1992/93 war die Anlage rund 20 Jahre in Betrieb mit einer maximalen jährlichen Kapazität von 400.000 Stühlen.
Mit dem Wachstum waren viele logistische Aufgaben und Prozesse neu zu gestalten, zumal die Modellvielfalt und daraus resultierend die Varianten stark zugenommen hatten. Das Team der VS wurde durch Mitarbeiter von Logiplan verstärkt und die Beratungsfirma anschließend aufgelöst.

Von Behnisch zu Panton:
Innovative Möbel für Büro und Schule

Bereits ab 1960 hatte die VS Gelegenheit, mehrere Schuleinrichtungen mit dem renommierten Architekten Günter Behnisch, geboren 1922, zu realisieren. Die Betreuung dieser Projekte seitens der VS lag bei dem Stuttgarter Niederlassungsleiter Reinhold Fehringer. Aufgrund des guten Kontakts fragte Günter Behnisch an, ob die VS bereit wäre, für ein Bürogebäude, das er 1988 fertigstellen werde, die Büroeinrichtung zu produzieren, die er zusammen mit seinem Mitarbeiter Hubert Eilers entworfen hatte. Vor allem der Entwurf des Schreibtischs als zentrales Element war in seiner Formgebung und Transparenz eine überzeugende Innovation. Eine Jury unter Mitwirkung des legendären deutschen Designers Dieter Rams urteilte bei der Preisverleihung auf der Büromöbelmesse Orgatechnik (später: Orgatec) 1988: »beispielgebend für herausragendes Design«.

Schreibtischprogramm Serie 900
Entwurf Günter Behnisch
mit Hubertus Eilers
1993

Darüber hinaus war dieses Projekt der Ausgangspunkt einer intensiven Zusammenarbeit mit Günter Behnisch und nachfolgend mit seinem Sohn Stefan Behnisch sowie Hubert Eilers. Bereits 1992 widmete mir Günter Behnisch aufgrund der zahlreichen und vielversprechenden Projekte ein Exemplar des Katalogs zur Ausstellung Behnisch & Partner 1952–1992 „mit Dank für die gute Zusammenarbeit und auch für die Unterstützung".

Für die VS ergab sich jetzt ein ganz anderer Ansatz, neben der Schuleinrichtung ein zweites Standbein aufzubauen, denn dieser Weg der Produktentwicklung war zugleich mit einem konkreten Auftrag verbunden, der zwar noch nicht erteilt war, aber in greifbarer Nähe lag. Insofern fokussierte sich die VS im Büromöbelgeschäft auf Kunden, die eine individuelle Lösung für ihre Einrichtung suchten. Systematisch bauten wir danach Kontakte zu weiteren Architekten auf, zum Beispiel mit Stirling & Wilford für den Neubau der Firma B. Braun in Melsungen und mit Schweger Architekten für die Renovierung des BMW-»Vierzylinder-Hochhauses« in München.

Nachdem sich gezeigt hatte, dass Büroeinrichtungen durchaus das Produktionsprogramm der VS ergänzen konnten, bat ich 1992 Günter Behnisch und Hubert Eilers, ihren Entwurf als vollständiges Büromöbelsystem weiterzuentwickeln. Daraus entstand die Serie 900 und damit die Grundlage der VS-Büromöbelproduktion, die mit Ergänzungen und Weiterentwicklungen bis heute Bestand hat. So wurden zum Beispiel alle Büros der Abgeordneten des Deutschen Bundestages in Bonn und später in Berlin von Anfang an bis heute mit Möbeln der Serie 900 ausgestattet. Ursprünglich hatte ich Günter Behnisch vorgeschlagen, das Programm „B+P" zu benennen, als Abkürzung für den Namen Behnisch und Partner. Günter Behnisch war damit jedoch nicht einverstanden. Er befürchtete, dass auf Kundenwunsch die Möbel willkürlich abgeändert würden und damit die Qualität des Entwurfs leide, die Ergebnisse aber trotzdem noch

Büromöbelprogramm AXIS
Entwurf Jürgen Greubel
1994

mit seinem Namen verbunden blieben. Wir einigten uns dann auf die Benennung »Serie 900«.
Mit dem Vertragsabschluss schrieb mir Günter Behnisch: »Im übrigen funktioniert das Ganze ohnehin nur in Fairneß und Achtung dem Partner gegenüber. Wir meinen, die Sache sei so gelaufen, und wir nehmen an, daß das auch in Zukunft so sein wird.« So war es dann auch tatsächlich: Seit mehr als 25 Jahren ist dieses Programm eine Erfolgsgeschichte der Büromöbelproduktion für die VS, Günter Behnisch und Hubert Eilers.
Um den VS-Kunden auch Alternativen anbieten zu können, beauftragte ich wenige Jahre später Jürgen Greubel, einen engen Mitarbeiter von Dieter Rams, mit der Entwicklung des Büromöbelprogramms Axis. In Zusammenarbeit mit den Büroplanern der Dresdner Bank war dieses Programm über viele Jahre der Standard in der Frankfurter Hauptverwaltung und in allen Filialen der Dresdner Bank und anschließend bei der Commerzbank, erreichte aber nicht die Langlebigkeit der Serie 900.
Ab 1992 wurde das Thema »Richtiges Sitzen in der Schule« wieder aktuell und sehr kontrovers diskutiert. Ausgehend von dem dänischen Chirurgen und Orthopäden A. C. Mandal, der bereits in den 1970er-Jahren mit seinem Buch *The Seated Man* ein Umdenken eingeleitet hatte, forderten die Skandinavier, Briten und Franzosen in den europäischen Normenausschüssen für Schuleinrichtungen immer stärker

Verner Panton und Thomas Müller bei der Bemusterung der ersten Sitzschalen in Kunststoff bei der Firma Densa in Basel 1995

Die »Sendung mit der Maus« hat zweimal die VS besucht, um die Herstellung von Schulstühlen zu dokumentieren: 1993 für den Holzkufenstuhl von Karl Nothelfer und 2023 für den PantoSwing von Verner Panton

eine neue Gestaltung des Sitzes, im Wesentlichen eine sehr viel höhere, gewölbte und stark nach vorne geneigte Sitzfläche.
Wir reagierten auf diese Diskussion, indem zunächst einmal die wichtigsten Forderungen der deutschen Orthopäden erfüllt wurden, die sich schon immer für jeden Schüler einen individuell höhenverstellbaren Stuhl und Tisch gewünscht hatten, am besten mit einer variabel schrägstellbaren Tischplatte, um auf diese Weise Haltungsschäden vorzubeugen. 1992 brachte die VS den Ergo-Tisch und den Ergosynchron-Stuhl auf den Markt, um wieder Anschluss an den Wettbewerb zu finden. Der höhenverstellbare Tisch wurde ein Erfolg, der höhenverstellbare Stuhl jedoch nicht. Er erfüllte zwar die Idealvorstellungen der Orthopäden, mit einer sehr komfortablen Höhenverstellung sowie neigbarem Sitz und neigbarer Lehne, war aber zu teuer und zu schwer.
Insofern traf es sich gut, dass ich Ende 1993 einen Anruf von dem international bekannten dänischen Designer Verner Panton, Jahrgang 1926 bekam, der gerade einen kostengünstigen, freischwingenden Stuhl gestaltet hatte. Die Anregung zu diesem Freischwinger, dessen Sitzfläche bei Belastung nach vorne federt, erhielt Panton von dem Baseler Orthopäden Prof. Dr. Erwin Morscher. Dieser Entwurf wurde dann zusammen mit der VS zügig zu einer Familie von Schulstühlen mit etlichen Varianten weiterentwickelt und ging ab 1994 schrittweise in Produktion. Bis heute ist

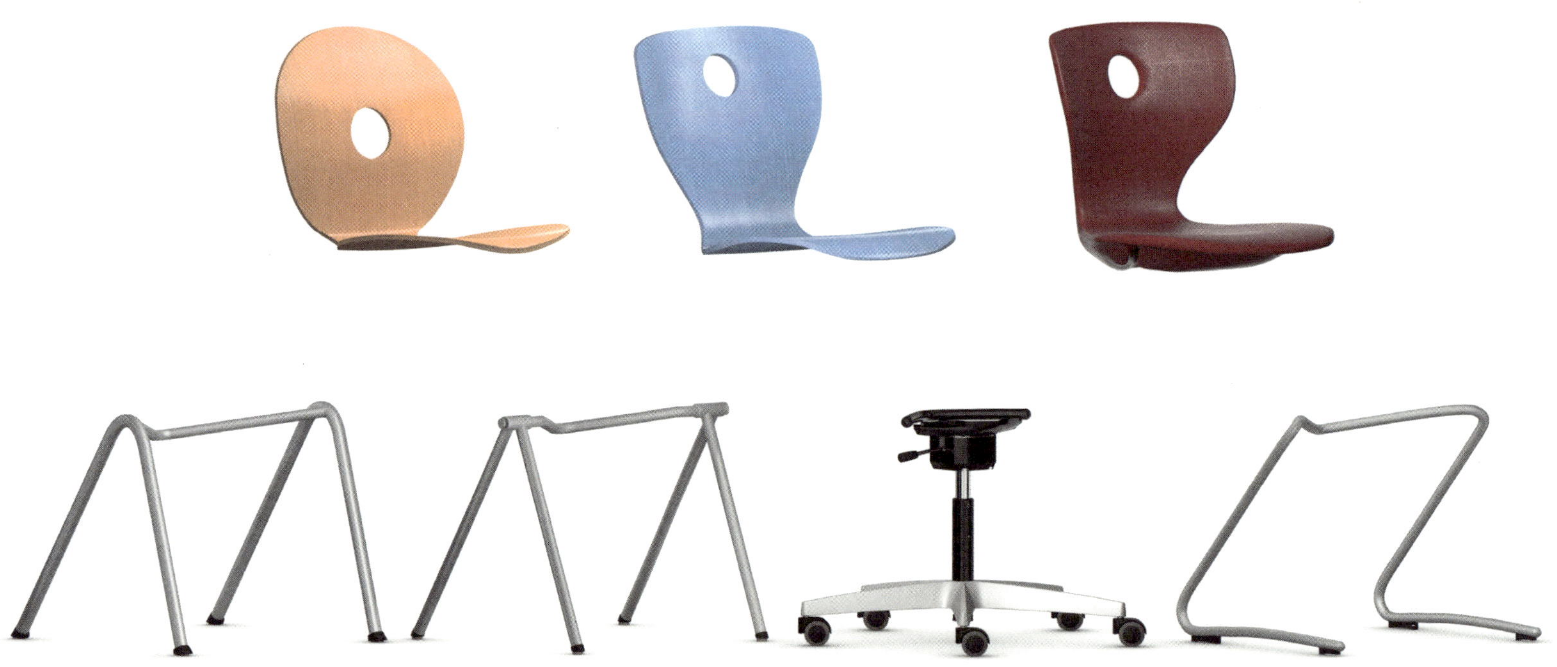

Panton-Stuhlprogramm
mit Varianten von
Sitzschalen und Untergestellen

Automatisierte
Fertigungsstraße
zur Herstellung
des PantoSwing

Betriebsfest der VS 2007

Betriebsfest 2007: Werner Köstler, Jörg Blumenstock und Thomas Müller

diese Stuhlfamilie, die in besonderem Maße das »bewegte Sitzen« fördert, mit aktuell 800.000 Stück pro Jahr ein Bestseller und das Rückgrat der VS-Schulstuhlproduktion seit mehr als 25 Jahren.

In den Jahren 1995 und 1996 wurden die Stühle von Verner Panton auf der Orgatec in Köln vorgestellt und anschließend auf der Didacta, zunächst mit der Sperrholzschale und dann mit der neu entwickelten Kunststoffschale. Die Fotos für die entsprechenden Kataloge entstanden unter Mitwirkung von Franco Fontana und Dietmar Henneka.

Ebenfalls in das Jahr 1994 fiel noch eine personelle Weichenstellung im Bereich der kaufmännischen Verwaltung. Angesichts der bevorstehenden Pensionierung von Georg Bauernschmitt trat Bernhard Schwering als Nachfolger und Prokurist in die VS ein und wurde 1998 zum Geschäftsführer für die Bereiche kaufmännische Verwaltung, Personal und Einkauf ernannt.

Büro und
Stahlrohrlager Werk 4
Architekt
Jürgen Engel KSP, 1992

Fassadengestaltung
Stahlrohrlager

Werk 1, 1960-1972, Länge 380 m
Architekt Karl Nothhelfer
Restaurierung 1992
Architekt Jürgen Engel KSP

Neubauten und Investitionen

Die Trendwende ab 1987 wurde in den nachfolgenden Jahren durch die Nachfrage aus den neuen Bundesländern beflügelt. Sehr gute Ergebnisse konnten 1991 und 1992 mit zwölf Prozent Umsatzrendite erzielt werden. Dies war die Grundlage für einen weiteren kontinuierlichen Ausbau mit größeren Investitionen in Gebäude und automatisierte Produktionstechnik im Bereich der bereits bestehenden Werke 3 und 4. In Zusammenarbeit mit dem Architekten Jürgen Engel vom Büro KSP entstanden ein Bürogebäude mit Kantine, ein Hochregallager für Stahlrohre, ein weiteres Hochregallager für Paletten sowie ein zweigeschossiger Erweiterungsbau neben Werk 4. Zuvor hatte sich Jürgen Engel bereits bei der Sanierung von Werk 1 bewährt und die ursprüngliche Gestaltung von Karl Nothhelfer weitestgehend erhalten, sodass die Architektur von 1960 nicht nur in ihrem ursprünglichen Erscheinungsbild bewahrt, sondern bis heute nahezu ohne Einschränkungen genutzt werden konnte.
Um den großen Bedarf an Schultafeln in den neuen Bundesländern zu decken, konnte die Firma Ewald Sauer in Rottendorf bei Würzburg mit 40 Mitarbeitern übernommen werden. Durch den Neubau von Werk 5 wurde diese Tafelfabrik anschließend in das Stammwerk der VS räumlich integriert, blieb aber als eigenständige Firma unter dem Namen VS Visuelle Medien bestehen. Die Leitung der VS Visuelle Medien übernahm Klemens Lutz, der bisher den gesamten Versand der VS einschließlich Kundendienst und Service verantwortet hatte.
1995 beschäftigte die VS 1.160 Personen. 1986 waren es noch 640 Mitarbeiter gewesen. Der Umsatz stieg in dieser Zeit von 65 auf 206 Millionen DM. Ausgehend von der guten Geschäftslage und den entsprechenden Erwartungen für die Zukunft ergab sich 1996 die Chance, die Büros, die inzwischen über viele Gebäude verteilt waren, durch einen Neubau wieder zusammenzufassen. Außerdem benötigte die VS dringend eine zeitgemäße Ausstellung sowohl für Schuleinrichtungen

Werk 1
Blickrichtung Süden
mit Erweiterungsbau
im Vordergrund,
Architekt
Jürgen Engel KSP
Gesamtlänge 450 m

Werk 6
für Tischmontage
Werksentwurf
mit gleicher
Fassadengestaltung
wie oben
erbaut 2012

Verwaltungsgebäude der VS
Eingangsbereich
Architekten
Behnisch & Partner
1998

unten links
Richtfest
des Verwaltungsgebäudes
Mitte mit Mantel:
Günter Behnisch
links davon: Thomas Müller

unten rechts
Einweihung des neuen
Verwaltungsgebäudes
von links nach rechts:
Thomas Müller,
Sabine Peter-Müller,
Ministerpräsident
Erwin Teufel,
Hans-Frieder Fromm,
Landrat Georg Denzer

wie auch für Büromöbel. Ich beauftragte die Architekten Jürgen Engel und Günter Behnisch mit einem Entwurf. Schließlich entschieden wir uns für das Konzept von Günter Behnisch mit einem weitgespannten Gebäude, das ausreichend Platz bot für eine großzügige Ausstellung, Büros und Konferenzräume mit viel Tageslicht und eine Kantine mit Außenbereich. Der bereits existierende Feuerlöschteich wurde von dem Gebäude überspannt.
Nach einer Bauzeit von knapp zwei Jahren wurde der Neubau 1998 fertiggestellt. Anlässlich der Einweihung fasste Günter Behnisch die Planung und Realisierung wie folgt zusammen: »Im Architektonischen erheben sich die Dinge über die Zwänge der Notwendigkeiten. Das, was notwendig ist, wollen wir beachten. Aber die Mühe, die das macht, sollte auf der Strecke bleiben, und das Gebäude sollte dann so aussehen, als hätte es einfach so sein wollen und als hätte das Ganze keine Mühe gemacht.« 2002 bat mich Stefan Behnisch um einen Beitrag für eine Veröffentlichung anlässlich des 80. Geburtstages seines Vaters. Nachdem wir uns vier Jahre in dem Neubau eingelebt hatten, schrieb ich: »Inzwischen hat uns nicht allein ‚das Möbel', sondern auch das Bauen einander nähergebracht. Seit 1998 leben und arbeiten wir in dem Behnisch-Bau, der bereits

Verwaltungsgebäude der VS
Architekten Behnisch & Partner
1998

oben
Ansicht vom Löschteich

unten
Gartenseite

etliche Reorganisationen bestens überstanden hat. Über Ihre Architektur wurde schon viel geschrieben, sodass ich Ihnen an dieser Stelle nichts weiter zu sagen habe – dies aber aus voller Überzeugung: Jeden Tag freue ich mich auf mein Büro.« Die erfolgreiche Zusammenarbeit mit dem Büro Behnisch wurde unter der Leitung von Stefan Behnisch mit zahlreichen Schul- und Bürobauten in Deutschland und den USA fortgesetzt.
1998 konnte die VS auf eine 100-jährige Geschichte zurückblicken. Auf dieses Jubiläum war vor allem die Eröffnung des Neubaus terminiert; außerdem gab es einen Tag der offenen Tür und ein großes Betriebsfest.
Zugleich wurde die Ausstellung »Das Klassenzimmer – Schulmöbel im 20. Jahrhundert« eröffnet. Der Grundstock, etwa zehn Prozent dieser Sammlung, bestand aus VS-Produkten, aber es gab auch etliche Möbel von Konkurrenzfirmen, die über die vergangenen 100 Jahre von der Abteilung Produktentwicklung aufbewahrt worden waren. Mithilfe von vielen Unterstützern hatte ich zwischenzeitlich aus ganz Europa und Amerika viele weitere Möbel erworben, sodass eine repräsentative Ausstellung der Schulmöbel im 20. Jahrhundert möglich wurde. Als Kuratorin stand mir Romana Schneider zur Seite, die zuvor am Deutschen Architekturmuseum in Frankfurt tätig gewesen war und nun das gesamte VS-Museumskonzept entwarf und umsetzte. Ergänzt wurde die Ausstellung durch Architekturmodelle von Schulbauten und Bildmaterial zum Thema Schule. Heute umfasst das VS-Museum den Zeitraum von 1880 bis 2020 mit etwa 500 Exponaten. Es ist, so Matthias Schirren in der „Frankfurter Allgemeinen Zeitung", »über die Chronologie des Designs hinaus eine Art Kulturgeschichte des Schulmöbels«.

Verwaltungsgebäude der VS Möbelausstellung Foto 2023

Bei den Vorbereitungen für das Museum stießen wir im Archiv der VS auf einige verschlossene, schwere Holzkisten, die 1945 offensichtlich von Falk Müller von Berlin nach Tauberbischofsheim gebracht worden waren. Darin befand sich zu unserer Überraschung originales Montessori-Lehrmaterial der Firma P. Johannes Müller, produziert in der Zeit zwischen 1913 und etwa 1925. In Kooperation mit dem Bauhaus-Archiv / Museum für Gestaltung in Berlin kuratierte Romana Schneider 2002 eine Ausstellung über »Montessori – Lehrmaterialien, Möbel und Architektur«. Peter Hahn, der damalige Direktor des Bauhaus-Archivs, schrieb dazu im Katalog dieser Ausstellung, ausgehend von den Grundsätzen der Montessori-Pädagogik: »Hilfe zur Selbsthilfe und Learning by Doing sind erzieherische Prinzipien, die dem Bauhaus und den dort praktizierten erzieherischen Ansätzen verwandt sind, mag sich auch die Montessori-Pädagogik an Kinder im Vorschul- und Schulalter wenden und die Bauhaus-Pädagogik an werdende Künstler und Gestalter.« Die gute Resonanz in der Presse führte dann zu weiteren Ausstellungen in München und in Nordamerika, unter anderem in San Francisco, New York und Toronto, die ebenfalls von Romana Schneider kuratiert wurden.

VS-Schulmöbel-Museum
Blick in den Ausstellungsbereich
VS-Schuleinrichtungen
1950er- bis 1970er-Jahre

Katalog
des Schulmöbel-Museums
erweiterte Ausgabe
Wasmuth Verlag, 2010

rechte Seite

Jean Prouvé
Schulmöbel und Schulbauten
1930er- bis 1950er-Jahre

Kindergartenstühle
verschiedener Designer

Projekt BMW: Gesamteinrichtung
für den renovierten
»Vierzylinder«
München 2006
Ansicht des Baus
Plan der Einrichtung
Standard-Arbeitsplatz

Start ins 21. Jahrhundert: Globalisierung und Nachhaltigkeit

Wachstum nach anfänglichem Rückschlag

Das neue Jahrtausend begann zunächst schwierig. Ab 2001 musste sich die VS für drei Jahre im inländischen Schulmöbelgeschäft mit mehreren Problemen auseinandersetzen, die sehr schmerzhafte Konsequenzen hatten. Bereits seit 1998 war die Nachfrage verhalten und die Kostensteigerungen für Material und Löhne konnten nicht durch entsprechende Preissteigerungen weitergegeben werden. Entgegen den Planungsprognosen kam es 2002 zu einem extrem starken Einbruch der Aufträge, sodass trotz Kurzarbeit eine Personalreduzierung unausweichlich wurde. Unter Beteiligung der Gewerkschaft und Vermittlung des Oberbürgermeisters von Ulm wurde ein Solidarpakt mit dem Betriebsrat vereinbart und leider mussten 135 Mitarbeiter mit entsprechender Abfindung gekündigt werden. Viele weitere Mitarbeiter gingen in den vorgezogenen Ruhestand und die Stellen von pensionierten Mitarbeitern wurden vorerst nicht besetzt. Mehrere Projekte wurden eingeleitet, um die Wirtschaftlichkeit wiederherzustellen.
Nachdem Werner Köstler schon seit einigen Jahren pensioniert war, rückte Jörg Blumenstock, bisher Leiter der Niederlassung München, in die Vertriebsleitung nach. Statt vormals acht Niederlassungen wurde ein Konzept mit lediglich vier Niederlassungen umgesetzt, was maßgeblich zu mehr Effizienz und Kosteneinsparungen beigetragen hat. In den

Projekt BMW
München 2006
Innenansicht

nachfolgenden Jahren hat sich glücklicherweise die Auftragslage wieder so schnell erholt, dass viele der gekündigten Mitarbeiter zur VS zurückkehren konnten.

Die folgenden 20 Jahre waren, nach dem anfänglichen Rückschlag bei der Nachfrage von Schulmöbeln, geprägt von einer dynamischen Entwicklung in allen Geschäftsbereichen. Das Büromöbelgeschäft, vorwiegend mit Banken und der Automobilindustrie, entwickelte sich schrittweise zu einem verlässlichen zweiten Standbein. Da die VS ihre Kunden für Schuleinrichtungen bestens kannte, ergab sich jetzt auch die Möglichkeit, die Schulverwaltungen mit professionellen Büromöbeln auszustatten. Insofern wurde das Kerngeschäft gestärkt, auch gegenüber den Wettbewerbern, doch die Nachfrage schwankte nach wie vor beträchtlich in Abhängigkeit von den kommunalen Finanzen. Parallel zur Diversifizierung in das Segment Büromöbel wurden daher als strategisches Vertriebsziel die Exportaktivitäten deutlich gesteigert, vor allem in Europa, den USA und im Mittleren Osten, um zukünftig Schwankungen im Inland besser auszugleichen. Von 2004 bis 2015 stieg der Umsatz der VS von 96 Millionen Euro kontinuierlich auf 174 Millionen Euro, und zwar sowohl im Inland für Schul- und Büromöbel als auch durch den Export von Schuleinrichtungen.

Flexible Klassenzimmer-
einrichtung mit
dem Programm Shift+
Design David Stubbs
2014

Bewegungssitz Hokki
Design John Harding
2010

Dynamisches Sitzen und Export

Ab dem Jahr 2000 vollzog sich ein Paradigmenwechsel bei der Konstruktion von Arbeitsstühlen, zunächst bei Bürostühlen. Statt dem »statischen« Sitzen empfahlen jetzt viele Orthopäden und Physiotherapeuten ein »dynamisches« Sitzen. Auch hier gingen die ersten Anstöße zu dieser Neuorientierung wieder auf A. C. Mandal zurück. In Deutschland wurde dieses Thema dann auch ausgiebig unter dem Begriff »Bewegte Schule« diskutiert. Bei dieser Entwicklung wollte die VS unbedingt dabei sein, zumal die Stahlrohrkufenstühle mit einer Produktionszeit von 25 Jahren bereits am Ende ihres Lebenszyklus angekommen waren.

Anlässlich eines Orthopädiekongresses lernte ich Dr. Breithecker kennen, den Leiter der Bundesarbeitsgemeinschaft für Haltungs- und Bewegungsförderung. Dieter Breithecker unterstützte im Folgenden die VS in den Bereichen höhenverstellbare Tische, »bewegtes Sitzen« und »bodennahes Lernen«. Nicht zuletzt initiierte er den Vorschlag einer dreidimensionalen Wippmechanik, die in optimaler Weise ein dynamisches Sitzen ermöglicht. Diese Wippmechanik wurde für den höhenverstellbaren Drehstuhl PantoMove entwickelt, der wieder von Verner Panton gestaltet war.

Sehr schnell wurden die Panton-Stühle Bestseller der VS und Marktführer im Inlandsmarkt. Für den PantoSwing waren im Unterschied zu herkömmlichen Stahlrohrstühlen keinerlei Schweißarbeiten erforderlich, und so konnte die VS 2008 auf einer sehr kompakten Fläche eine automatisierte Fertigungsanlage für Stuhlgestelle installieren, die lediglich eine Person zur Bedienung benötigt. Die maximale Kapazität dieser Anlage, die heute noch in Betrieb ist, liegt bei 500.000 Stück pro Jahr.

Der Erfolg dieser innovativen Produkte ermutigte uns 2003, den Export in die USA mit einer eigenen Tochtergesellschaft fortzusetzen, nachdem die Kooperation mit einer amerikanischen Firma ins Stocken geraten war. Die Gründung von VS America erfolgte in Charlotte, North Carolina, unter Leitung von Claudius Reckord, der bis dahin Exportleiter der

oben
Drehstuhl-Varianten
PantoMove
Design Verner Panton

Bürogebäude
VS Middle East
Sharja, Dubai
2010

Büro- und Ausstellungsgebäude
VS America
Charlotte, NC, USA
2022

VS war. Nach dem Start mit sechs Angestellten beschäftigt diese Tochtergesellschaft heute ca. 60 Mitarbeiter und erzielt einen Umsatz von 80 Millionen US-Dollar. Heute sind die USA nach Deutschland der wichtigste Markt der VS.
Für den Markt im Nahen Osten wurde die Firma VS Middle East (VSME) gegründet, und zwar in einem Joint Venture mit unserem lokalen Partner und Geschäftsführer von VSME, Aref Saqr. Diese Firma hat ihren Sitz in der Freihandelszone Sharjah, etwa 20 Kilometer nördlich von Dubai City. Mit einer eigenen Fertigung vor Ort konnte sich VSME wesentlich besser gegenüber den in den Emiraten präsenten Konkurrenten positionieren und die speziellen Kundenwünsche dieses Marktes erfüllen. Innerhalb von wenigen Jahren gelang VSME eine außerordentlich gute Geschäftsentwicklung, die der VS aus eigener Kraft nicht möglich gewesen wäre. Schließlich baute die VS durch ein Vertriebsbüro in Istanbul ihre Exporte in die Türkei aus, die allerdings heute durch die Abwertung der türkischen Lira rückläufig sind.

Das rasche Wachstum im Ausland ist auch einigen Produktinnovationen zu verdanken. Der Hokki, entworfen vom englischen Designer John Harding, wurde 2010 eingeführt. Der physiotherapeutisch wirkende Hocker fand in den Schulen ein unerwartet hohes Interesse, vor allem in den USA. Umgekehrt übernahm die VS aus den USA 2013 von dem Architekten David Stubbs das Einrichtungsprogramm Shift, das sich inzwischen auch in Europa großer Beliebtheit erfreut. Die Tischelemente, Stauraum- und Sitzmodule von Shift ermöglichen es, auf unterschiedliche Unterrichtsformen flexibel und sehr schnell zu reagieren. Damit kann das Klassenzimmer für den klassischen Frontalunterricht, die Gruppen- und die Einzelarbeit in beliebiger Reihenfolge innerhalb kürzester Zeit umgestaltet werden.

Automasierte Vorfertigung
von Schrankteilen in Werk 6, 2023

Montage von Schrankfronten, 2023

Digitalisierung

Durch das starke Umsatzwachstum seit 2004, aber auch durch die breitere Produktpalette mit vielen Varianten in Abmessungen, Materialien und Farben wuchs die Komplexität in der Auftragsbearbeitung, Logistik und Produktion so stark, dass der Anteil an unvollständigen Lieferungen stieg. Die Verlässlichkeit der VS wurde von den Kunden wiederholt infrage gestellt. Deshalb entschieden wir uns, die gesamte Informationstechnologie und Ablauforganisation auf eine neue Basis zu stellen. Nach umfangreichen Sondierungen fiel die Entscheidung zugunsten des Software-Anbieters SAP. In dieses Konzept wurden eine Auftragsprozesssteuerung, eine Angebots- und Auftragsabwicklung sowie eine Tourenplanung für die Kundenbelieferung integriert. Das gesamte Projekt stand unter hohem Zeit- und Erfolgsdruck: Der notwendige Stillstand während der Umstellung musste so kurz wie möglich ausfallen. Vor allem sollten deutliche Verbesserungen in der Liefertreue erzielt werden. Durch ein effizientes Projektmanagement der Abteilung Organisation und umfangreiche Schulungen der Mitarbeiter im Vorfeld ist aus dem Neustart ein anhaltender Erfolg geworden.
Kapazitätsengpässe in der Schrankherstellung ab 2007 führten in den folgenden Jahren zu einer vollkommen neuen Fertigung, die es erlaubte, mit größtmöglicher Flexibilität ausschließlich nach aktuellen Kundenaufträgen zu produzieren statt in Serien mit anschließender Lagerhaltung. In Anbetracht des sehr breiten Produktionsprogramms, das bewältigt werden musste, betrat die VS dabei technologisches Neuland. Ähnliche Anlagen gab es bis dahin nur in der Küchenmöbelindustrie, allerdings bei deutlich weniger Produktionsvarianten. Von 2009 bis 2012 wurde dieses Projekt in drei Schritten mit einem Aufwand von 14 Millionen Euro realisiert: zuerst die Teilefertigung, nachfolgend der Kommissionierspeicher und in Schritt drei die Vormontage sowie die Schrankherstellung einschließlich Endmontage und Ver-

Display
VS-Präsentation, 2023

links
Gruppenarbeit
am interaktiven Display
mit zwei konventionellen
Tafelflügeln

sandbereitstellung. Auch die Stuhl- und Tischmontage musste mit den gestiegenen Umsätzen Schritt halten. Speziell für die Tischfertigung wurde daher das Werk 6 gebaut. Die Kommunikation der Fertigungssteuerung mit dem Montagepersonal erfolgt weitgehend über Bildschirme. Außer Kleinteilen wird das gesamte Material an den Montagearbeitsplätzen den aktuellen Bedarfen entsprechend bereitgestellt.

In den letzten Jahren wurde in mehreren Montageabteilungen für alle Arbeitsplätze eine bildschirmgestützte Fertigungsleitsteuerung installiert, sodass auf Papierbelege weitgehend verzichtet werden kann. Das Thema Digitalisierung bleibt weiterhin zentral. Einige Anwendungen, die von den Softwareherstellern nicht mehr unterstützt werden, mussten mittlerweile abgelöst werden: zum Beispiel das Liefer- und Tourenprogramm, das jetzt auch den Kundendienst einbezieht, oder das Angebots- und Auftragssystem, das jetzt auch die mit dem Kunden besprochenen spezifischen Varianten bildlich zeigt. Ein Abwehrsystem gegen Cyberangriffe wurde ebenfalls eingeführt. Projekte zum Ersatz und Upgrade der bestehenden Auftragsprozesssteuerung für die gesamte Fertigung und die VS-Website einschließlich eines B2B-Shops werden 2023 abgeschlossen. Perspektivisch bildet die anstehende Ablösung der SAP-Ressourcenplanung eine große Herausforderung.

Die Digitalisierung der Schulen ist ein zukunftsträchtiges Geschäftsfeld, das in Deutschland noch enormen Nachholbedarf hat. Seit 2006 hat die VS elektronische und interaktive Schultafeln mit dem dazugehörigen Umfeld im Programm, seit 2022 werden komplette IT-Lösungen rund um das Klassenzimmer angeboten. Die Abteilung »Vertrieb Informationssysteme« berät die Schulen zum gesamten Spektrum der Digitalisierung und leistet die erforderliche Planung. Die bereits bestehende Tochtergesellschaft VS Visuelle Medien konzentriert sich im Wesentlichen auf die Produktion und die Installation der Hardware vor Ort.

Kinetische Skulptur
von Rolf Lieberknecht
auf dem VS-Löschteich

Jüdisches Museum Berlin
VS-Lounge-Möbel

Kulturförderung

Das Engagement der VS in der Kulturförderung begann mit der Unterstützung des jüdischen Museums und Gemeindezentrums Shalom Europa, das 2006 in Würzburg als Neubau eröffnet wurde. 2004 wurden wir gebeten, die vom Architekten vorgesehenen Möbel für die Synagoge anzufertigen. Aus Verantwortung für die deutsche Vergangenheit haben wir diese Aufgabe als Spende übernommen. Im gleichen Jahr fragte das Jüdische Museum in Berlin an, ob die VS einen kompletten Satz Montessori-Zahlen für die faszinierende Ausstellung »10 + 5 = Gott. Die Macht der Zeichen« ausleihen würde. Bei der Übergabe kam ich mit der Kuratorin und der Museumsleitung in Kontakt und wurde aufgefordert, für den Neubau von Daniel Libeskind und den Glashof des bestehenden Altbaus Lounge-Möbel vorzustellen. Mit dem Architekten Hubert Eilers, der unsere Lounges entworfen hatte, reichte die VS eine Planung ein, die Zustimmung fand, und spendete die Möbel. Für die Möbelentwürfe von Egon Eiermann, dem klassischen Vertreter der Nachkriegsmoderne in Westdeutschland, hatte ich mich bereits 1995 interessiert. Freundlicherweise kontaktierte Günter Behnisch die Witwe des Architekten, Brigitte Eiermann, um für die VS eine Lizenz zur Herstellung der Eiermann-Möbel zu erhalten. Aus rechtlichen Gründen kam es dazu nicht, immerhin erreichten wir später aber eine Kooperation mit der Firma Wilde + Spieth, welche die Urheberrechte besaß. 2008 musste ein Wahrzeichen der Stadt Berlin, der Neubau der Kaiser-Wilhelm-Gedächtniskirche, restauriert werden. Eiermann hatte Ende der 1950er-Jahre nicht nur das markante Gebäude entworfen, sondern auch die Inneneinrichtung bis ins letzte Detail. Als Mitglied der Egon Eiermann Gesellschaft bat mich das Kuratorium der Gedächtniskirche, Vorschläge zur Restaurierung der Möbel vorzulegen, die nach 50 Jahren Gebrauch überwiegend in desolatem Zustand waren. Die Herausforderung bestand darin, den authentischen Charakter der Stühle zu bewahren, aber zugleich die nachhaltige Gebrauchstüchtigkeit zugewährleisten. Mithilfe der VS-Lehrwerkstatt konnten wir ein Ergebnis erzielen, das auch die Denkmalpfleger überzeugte: Vor allem die völlig überdehnten Sitzgurte wurden durch besonders matte und zugfeste Bänder ersetzt, wie sie für Sicherheitsgurte in Autos verwendet werden. Abgesehen von den Materialkosten für die Gurte erfolgte die komplette Restaurierung der Stühle unentgeltlich, ebenso wie die Aufarbeitung der Innenausbauten im Bereich der Orgel, die anschließend beauftragt wurde.

Kircheninnenraum
Kaiser-Wilhelm-Gedächtniskirche
mit Stühlen von Egon Eiermann

rechte Seite oben
Lovell Health House, Los Angeles
Architekt Richard J. Neutra, 1928
Neutra-Möbel von VS, 2018

unten
Skulptur von Rolf Lieberknecht
auf der Kölner Möbelmesse, 2013

Den amerikanischen Architekten Richard Neutra als bedeutenden Vertreter der Internationalen Moderne hatten wir bereits bei der Auswahl der Architekturmodelle für das VS-Schulmuseum berücksichtigt. Neutra, geboren 1892, hatte 1925 für einen Wettbewerb die viel beachtete Ring Plan School entworfen, die 1932 als Modell im Museum of Modern Art in New York gezeigt wurde. Eine zweite Ausfertigung dieses Modells befindet sich in unserer Ausstellung. Im Rahmen der Renovierung von Neutras Schulbauten, die zwischen 1930 und 1960 entstanden waren, wurde auch VS America für die Möblierung angefragt. So kamen wir in Kontakt mit seinem Sohn Dion Neutra, der sein Erbe verwaltete.

Nach mehreren Gesprächen über die vorangegangene Produktion der Neutra-Möbel übernahm die VS 2012 die Lizenz für die Herstellung und den Vertrieb der Kollektion. Dieses Programm war von uns lediglich als Ergänzung gedacht, und zwar für Lounges in Büros und für Besprechungsräume, sollte aber ein fester Bestandteil der Fabrikation in Tauberbischofsheim werden. Selbst bescheidene Stückzahlen konnten jedoch in keiner Weise erreicht werden, trotz vieler Messeauftritte und des Namens von Richard Neutra als Architekt von internationalem Rang. Heute erfolgt die Herstellung nur noch auf Anfrage. Um die Neutra-Möbel im amerikanischen Markt wieder bekannt zu machen, spendete VS America im Jahr 2014 die Einrichtung für zwei der bekanntesten Bauten Neutras aus den 1960er-Jahren: die Lobby der Tower of Hope Church und das Gemeindezentrum der Garden Grove Community in der Nähe von Los Angeles.

2013 schrieb die internationale Möbelmesse in Köln einen Wettbewerb aus für Skulpturen mit einem Bezug zum Thema Möbel. Die ausgewählten Skulpturen wurden auf einer gesonderten Fläche aufgebaut. Unter Verwendung der Seitenteile von Neutras Boomerang Chair gestaltete der Bildhauer Rolf Lieberknecht im Auftrag von VS eine Skulptur, die bei der Jury besondere Anerkennung fand. Bereits zuvor hatte Rolf Lieberknecht eine temporäre Ausstellung von windkinetischen Skulpturen auf dem Löschteich der VS auf der Nordseite des Behnisch-Neubaus gezeigt.

links
Fertigstellung des zweiten Spänebunkers zur Restholzverwertung 2009

unten
VS-Teilnahme am Global Compact seit 2009

Nachhaltigkeit

Die industrielle Herstellung von Möbeln ist mit großem Energiebedarf verbunden. Dies gilt in besonderem Maße für die VS, da ein Großteil der benötigten Bauteile nicht zugekauft, sondern vor Ort selbst produziert wird. Die Frage der Nachhaltigkeit stellt sich damit in zweifacher Hinsicht: zum einen für die Nutzung der Möbel beim Kunden, zum anderen für den Herstellungsprozess und die damit verbundenen Umweltbelastungen. Die daraus resultierenden Anforderungen der Nachhaltigkeit und des Umweltschutzes sind komplex und werden ständig weiterentwickelt. Dies geschieht aus der Verantwortung für die Produkte, die beim Kunden Verwendung finden, für die Mitarbeiter und nicht zuletzt für den Standort Tauberbischofsheim. Aufgrund der behördlichen Ausschreibungen sind die jeweils verlangten Zertifikate bindend für ein qualifiziertes Angebot.
Alle gängigen nationalen und internationalen Zertifikate sind für das Standardprogramm vorhanden. Ergänzend verfügen die meisten VS-Produkte über eine optimierte Zerlegbarkeit für das Recycling. Einige Produkte erfüllen bereits heute die Anforderungen der Cradle-to-Cradle-Zertifizierung. Was die Fabrikanlagen und den Herstellungsprozess betrifft, seien zwei Beispiele genannt. Bereits 2001 erfolgte mit einer Partnerfirma die Installation einer Solarstromerzeugung auf den Dächern von Werk 1 mit einer Kapazität von circa 480.000 Kilowattstunden pro Jahr. Nach einer Laufzeit von mehr als 20 Jahren wird diese Anlage 2023 durch wesentlich leistungsfähigere Module ersetzt. Eine zweite Anlage mit vergleichbarer Leistung wurde 2010 auf dem Werk 5 errichtet.
Bei der Spanplattenverarbeitung fallen große Mengen an Spänen an, die für eine regenerative Energieerzeugung nutzbar sind. Zu diesem Zweck wurden 1993 und 2009 zwei große Spänebunker errichtet, um den erhöhten Energieverbrauch im Winter abzudecken. Zusammen mit den Kapazitäten des bereits bestehenden ersten Spänebunkers wird der Erdölbedarf für die Gebäudeheizung halbiert und auf diese Weise werden 5.800 Tonnen CO2 jährlich eingespart. 2025 wird die Technik des Kesselhauses komplett ausgetauscht und entspricht dann dem neuesten Stand in Bezug auf Emissionen und Effizienz.Umweltschutz, Nachhaltigkeit und internationale Lieferketten sind inzwischen globale Themen, weshalb von den Vereinten Nationen der Globale Pakt gegründet wurde, der als eigenständige Organisation außer den Umweltthemen auch die Einhaltung von Menschenrechten, faire Entlohnung und Korruptionsbekämpfung zum Ziel hat. Als erster deutscher Möbelhersteller ist die VS 2009 dem Globalen Pakt beigetreten und dokumentiert jährlich ihre Aktivitäten und Fortschritte.

Thomas Müller übergibt den Vorsitz der Geschäftsführung an Philipp Müller 2016

Wechsel in der Geschäftsleitung

Ab 2009 standen auch einige personelle Neubesetzungen an. Nach 28-jähriger Tätigkeit ging Franz Bernhard als Geschäftsführer Technik in den Ruhestand. Sein Nachfolger für die Unternehmensplanung wurde Alexander Ille, der bereits die Einführung von SAP und das Projekt Schrankfertigung verantwortet hatte. Die Produktionsleitung übernahm Klaus Vollhardt, der bisher die Leitung der Auftragsprozesssteuerung innehatte und davor umfangreichere Automatisierungsprojekte geplant und in Betrieb genommen hatte. 2013 wurde Reinhard Weber als Leiter der Produktentwicklung und Konstruktion verabschiedet. Diese Position konnte ebenfalls aus den eigenen Reihen besetzt werden. Jens Heller übernahm zunächst die Konstruktionsabteilung und nach zwei Jahren die Gesamtverantwortung in diesem Bereich.
Auch in der Unternehmensleitung wurde in Anbetracht meines Alters der Führungswechsel vorbereitet. Mein Sohn Philipp Müller, geboren 1981, setzte ab November 2013 seine berufliche Karriere bei der VS fort. Während seiner Schulzeit war er im Rahmen eines Auslandaufenthaltes in die USA gegangen und bis zum High-School-Diplom geblieben. Im Anschluss studierte er an der George Washington University »International Business« mit dem Abschluss Bachelor. Nach seiner Rückkehr beendete er sein Studium der Betriebswirtschaft an der TU Berlin. Erste berufliche Erfahrungen sammelte er als Praktikant in der Automobilindustrie in Berlin, Melbourne und Tokio. Danach arbeitete er bei der Firma Volkswagen in Wolfsburg im Berich Einkauf. Zur Einarbeitung in die verschiedenen Geschäftsbereiche der VS übernahm er zunächst die Abteilung Marketing und weitere Áufgaben im Bereich Vertrieb.
Im Januar 2016 übergab ich den Vorsitz der Geschäftsführung an Philipp Müller und beschränkte meine Tätigkeit auf den Bereich Produktentwicklung. Zwei weitere Positionen der Geschäftsleitung wurden ebenfalls neu besetzt. Stefan Beuschlein übernahm von Jörg Blumenstock die Vertriebsleitung und Steffen Weis von Bernd Schwering die kaufmännische Leitung einschließlich der Abteilungen Einkauf und Personalwesen. Mit dem Abschluss von zwei Pro-

Wechsel im Management
2016 bis 2020

oben von links
Geschäftsführer
Franz Bernhard
Bernhard Schwering
Jörg Blumenstock

unten von links
Klemens Lutz
Steffen Weis
Alexander Ille
Philipp Müller
Klaus Vollhardt
Stefan Beuschlein

jekten in der Produktentwicklung ging ich im März 2019 ebenfalls in Pension. Damit war die gesamte Führungsebene der VS neu besetzt.
Durch den überraschenden Tod von Ingo Ramminger im April 2020 ergaben sich auch Veränderungen in der Position des Vorsitzenden der Gesellschafterversammlung. Ingo Ramminger hat mit dieser Aufgabe als Nachfolger von Hans-Frieder Fromm über viele Jahre die strategische Ausrichtung der VS maßgeblich unterstützt und stand der Geschäftsführung immer mit Rat und Tat zur Seite. Seinen Kommanditanteil vererbte er seiner Frau Magdalene Ramminger. Im Anschluß wählten die Gesellschafter mich zum Vorsitzenden der Gesellschafterversammlung.2023 habe ich meinen Kommanditanteil zum 125 jährigen Jubiläum der VS meinem Sohn Philipp übertragen, der damit in der Gesellschafterversammlung die ganze Familie Müller vertritt.

Jean Nouvel persönliche Widmung und Skizzen zum Jumper-Stuhlprogramm 2017

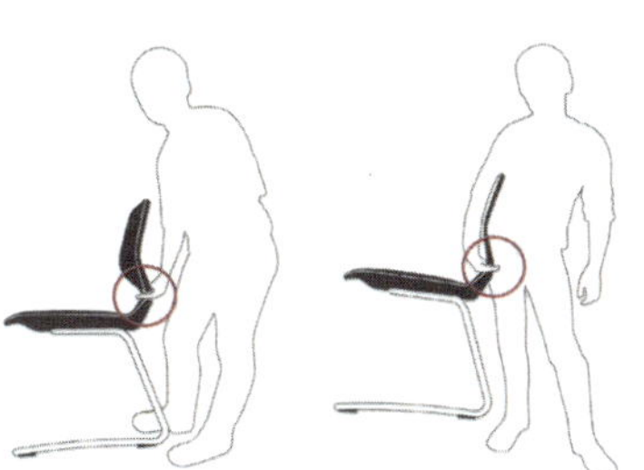

Vorstellung eines Prototypen mit Jean Nouvel 2017

Jean Nouvel: Jumper

Der Schülerarbeitsplatz ist das Kernprodukt der VS geblieben, von 1898 bis heute. Zunächst die Rettig-Schulbank, dann der Holzkufenstuhl, anschließend der Kufenstuhl in Stahlrohr und danach der federnde PantoSwing. Diese vier Produkte haben die VS maßgeblich geprägt. Mittelfristig stellte sich also ab 2015 die Frage, welches Nachfolgeprodukt auf den Weg gebracht werden soll, nachdem auch die Panton-Produkte mittlerweile seit mehr als 25 Jahren hergestellt werden.
Mit Verner Panton war die Messlatte hoch gelegt. Die Beauftragung für den Entwurf eines neuen Stuhlprogramms ging schließlich an Jean Nouvel in Paris, geboren 1945. Maßgeblich für die Entscheidung waren die vielfältigen Erfahrungen des international tätigen Architekten und Pritzker-Preisträgers in der Gestaltung von erfolgreichen Wohn- und Büromöbeln. Außerdem schätzte Nouvel die Qualitäten von Panton. Insbesondere die Ergonomie der Panton-Sitzschale erschien ihm bereits perfekt. Von Anfang an hatten wir ein breit angelegtes Stuhlprogramm konzipiert, das für das Klassenzimmer, die Schulverwaltung und Büros im Allgemeinen geeignet sein sollte. Wegen der dynamischen Formensprache, die Jean Nouvel fand, erhielt der Entwurf auf seinen Vorschlag hin den Namen »Jumper«. Viele funktionale Eigenschaften des ersten Jumper-Entwurfs

konnten in einem relativ kurzen Zeitrahmen verbessert werden, nicht zuletzt aufgrund der langjährigen Erfahrung mit den Panton-Produkten. Die konstruktive Ausarbeitung nahm aber etwas mehr Zeit in Anspruch und wir wurden nicht rechtzeitig zur Ausstellung von Jean Nouvel 2016 im Musée des Arts décoratifs in Paris fertig. Diese Ausstellung trug den Titel »Sens et Essence«, was als programmatische Herausforderung auch auf unser Projekt mit Jean Nouvel zutraf. Wegen der verpassten Chance schrieb er mir: »In the next exhibition I will integrate our Jumper! Amitié Jean Nouvel.« Nach drei Jahren war die Produktentwicklung und serienreife Konstruktion abgeschlossen und damit auch meine letzte Aufgabe als Geschäftsführer der VS.

Bereits ab 2006 und insbesondere seit 2016 haben sich die Geschäfte sehr gut weiterentwickelt. Eine ähnlich anhaltende Wachstumsphase hatte es für die VS nur in der Zeit des »Wirtschaftswunders« ab 1950 gegeben. Heute werden bei der VS mit den Tochtergesellschaften rund 1.600 Personen beschäftigt; einschließlich der ausländischen Tochtergesellschaften liegt der Umsatz bei rund 330 Millionen Euro.

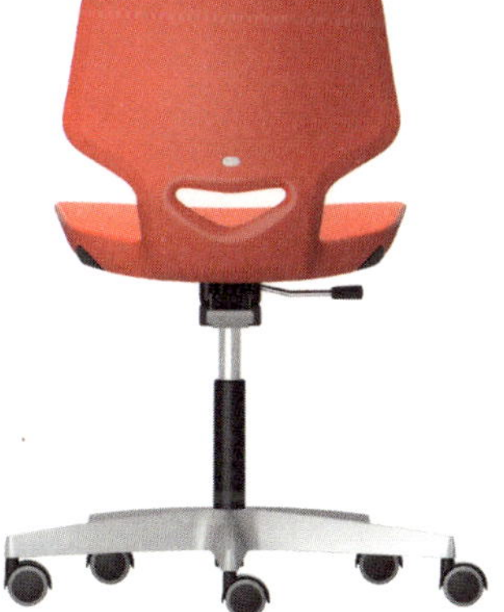

linke Seite
Jumper
Design Jean Nouvel
Farbspektrum

oben
Neocon Möbelmesse,
Chicago, 2019
Entwurf der VS-Ausstellung
Jean Nouvel Design

unten
Jumper-Stuhlfamilie

Philipp Müller auf dem Jumper, Design Jean Nouvel, rechts von ihm Thomas Müller auf dem Kufenstuhl, Design Karl Nothhelfer

rechte Seite oben
Betriebsfest 2023 zum 125-jährigen Jubiläum der VS

rechte Seite unten links
Zertifikat »Cradle to Cradle« zur Nachhaltigkeit von Jumper-Stuhl und -Tisch

Nachwort von Philipp Müller

Diese Chronik zeichnet erstmalig ein vollständiges Bild der VS über ihr gesamtes 125-jähriges Bestehen hinweg. Dankenswerterweise hat sich mein Vater dieser Aufgabe angenommen. Als Vertreter der dritten Generation hat er einen Großteil der handelnden Personen noch persönlich erlebt beziehungsweise aus Erzählungen gekannt und die Geschicke der VS selbst über Jahrzehnte geprägt. Ich bin mir daher sicher, dass diese Chronik jedem Leser, wie mir selbst, spannende Einblicke in in die Geschichte des Unternehmens gewährt.

Seit ich 2013 in die VS eintrat und insbesondere seit ich 2016 den Vorsitz der Geschäftsführung übernahm, konnte ich die Unternehmensentwicklung selbst mitgestalten. So war es nicht nur meine Aufgabe, mich in die komplexen Themenbereiche meines Vaters einzuarbeiten, sondern auch die Nachfolge der Geschäftsführer Jörg Blumenstock und Bernhard Schwering zu organisieren. Mit Stefan Beuschlein, der zahlreiche Positionen im Vertrieb der VS durchlaufen hatte und zuletzt den internationalen Vertrieb verantwortete, wurde für die Nachfolge von Jörg Blumenstock eine interne Lösung gefunden. Steffen Weis wiederum, der zuletzt bei PricewaterhouseCoopers als Wirtschaftsprüfer und Manager aktiv war, trat die Nachfolge von Bernhard Schwering an. Glücklicherweise standen mir mit Alexander Ille und Klaus Vollhardt zur Zeit dieser Neubesetzungen zwei erfahrene Geschäftsleiter zur Seite. Alexander Ille verantwortet noch heute die Unternehmensplanung und damit die gesamte Infrastruktur der VS sowie zahlreiche strategische Projekte während Klaus Vollhardt nach wie vor die Produktion leitet, also den Bereich mit den meisten Mitarbeitenden. Nicht zuletzt hat mich mein Vater während dieser intensiven Phase unterstützt, indem er, wie bisher auch, als Geschäftsführer die Bereiche Produktentwicklung und Serienkonstruktion leitete. 2019 zog er sich schließlich aus der Geschäftsführung und dem Tagesgeschäft zurück, um den Vorsitz der Gesellschafterversammlung anzutreten. Zu diesem Zeitpunkt übernahm ich die Gesamtverantwortung für das Unternehmen.

Mit der neu formierten Führungsmannschaft und einer ausgewogenen Mischung aus erfahrenen und neuen Kräften erarbeiteten wir eine Strategie für die kommenden Jahre. Einerseits konnten wir aus einer Situation der Stärke heraus agieren, andererseits erforderten das Wachstum der letzten Jahre und die damit einhergehende Komplexität eine gezielte Ausrichtung der gesamten VS-Gruppe, also von VS Möbel, VS America und VS Visuelle Medien. Gleichzeitig galt es, fortschreitende Entwicklungen wie die Digitalisierung und die Dringlichkeit des nachhaltigen Handelns in unserer Strategie zu verankern. Gerade erst hatten wir die Umsetzung mit viel Elan gestartet, als uns im Frühjahr 2020 überraschend die Coronapandemie traf. Kaum war ein Ende der Pandemie absehbar, erschütterte im Frühjahr 2022 der Krieg in der Ukraine die Welt. Es war eine enorme Herausforderung, unter diesen Bedingungen den Betrieb eines

Cradle to Cradle Certified™

Cradle to Cradle ist ein Designkonzept, bei dem sich alle Materialien eines Produktes in einen natürlichen oder technischen Kreislauf rückführen lassen. Für die Cradle-to-Cradle-Zertifizierung werden neben den Materialien auch die Verarbeitungsprozesse bewertet.

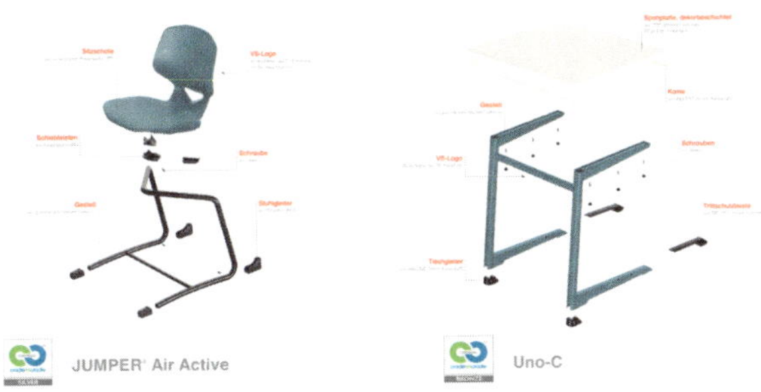

Werk 7, Tischmontage
Erste Ausbaustufe

hochgradig vernetzten Industrieunternehmens am Laufen zu halten. In diesen turbulenten Zeiten bewies die Belegschaft einmal mehr ihren beachtlichen Zusammenhalt und es gelang uns, trotz der widrigen Umstände die erfolgreiche Entwicklung fortzusetzen. So konnte die VS-Gruppe ihren Umsatz von rund 200 Millionen Euro in 2016 auf rund 330 Millionen Euro in 2022 ausbauen. Im gleichen Zeitraum stieg die Anzahl der Mitarbeitenden bei VS Möbel von rund 1.260 auf rund 1.600.

Darüber hinaus konnten wir zahlreiche strategische Vorhaben vorantreiben, unter denen der Ersatz der automatisierten Holzvorfertigung herausragt. Die 2012 im Werk 1 in Betrieb genommene Anlage war aufgrund des kontinuierlichen Wachstums deutlich intensiver genutzt worden als geplant und bot nicht mehr die gewünschte Kapazität und gewohnte Verfügbarkeit. Um die neue Anlage in den Fertigungsbereich Holz integrieren zu können, haben wir als Standort hierfür das Werk 6 gewählt, in dem bis dahin die Tischmontage stattfand. Um Platz für diesen Bereich zu schaffen, musste also ein neues Werk errichtet werden, wofür ausschließlich der sogenannte »Schneekasten« am nördlichen Ende des VS-Campus infrage kam. Hierfür wurden 125.000 Kubikmeter Erde bewegt und im Januar 2023 ging das neue Werk 7 planmäßig ans Netz. Mit allen dazugehörigen Maßnahmen und einem Gesamtvolumen von rund 50 Millionen Euro stellt der Ersatz der Holzvorfertigung die mit Abstand umfangreichste Investition in der Geschichte der VS dar.

Nach 125 Jahren Firmengeschichte ist die VS ein erfolgreiches, wettbewerbsfähiges Unternehmen, und wir haben dieses besondere Jubiläum angemessen gefeiert, unter anderem mit einem Betriebsfest für unsere Mitarbeitenden und einem Tag der offenen Tür für die breite Öffentlichkeit. Da mir mein Vater in diesem Jahr die Gesellschafterrolle der Familie Müller übertragen hat, geht das Jubiläum auch mit dem letzten Schritt unserer Staffelstabübergabe einher. Ich freue mich, die VS in vierter Generation als geschäftsführender Gesellschafter führen zu können und meine, dass sich uns zahlreiche Chancen bieten. Einerseits steht die zeitgemäße Möblierung und Digitalisierung von Bildungseinrichtungen auf der gesellschaftlichen Agenda weit oben, andererseits muss auch der Lebensraum Büro neu gestaltet werden, um attraktiv zu bleiben. Daher bin ich optimistisch, dass die VS ihre erfolgreiche Entwicklung fortsetzen wird – auch in Zeiten schnelllebiger Veränderungen. Vor allem, weil unsere Mitarbeitenden sich mit diesen Aufgaben identifizieren und dem Unternehmen ein ungemein starkes Fundament geben.

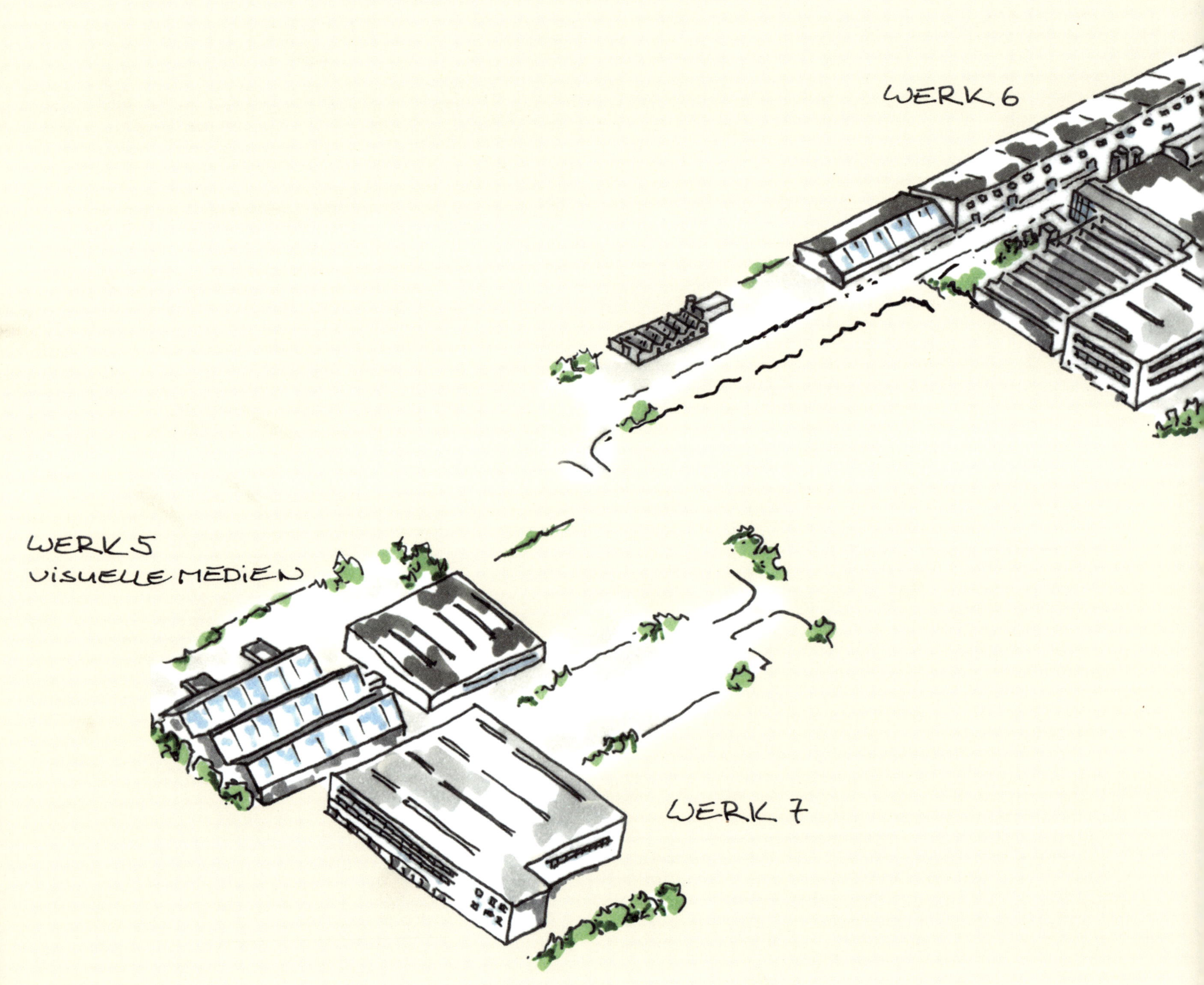
WERK 6
WERK 5
VISUELLE MEDIEN
WERK 7

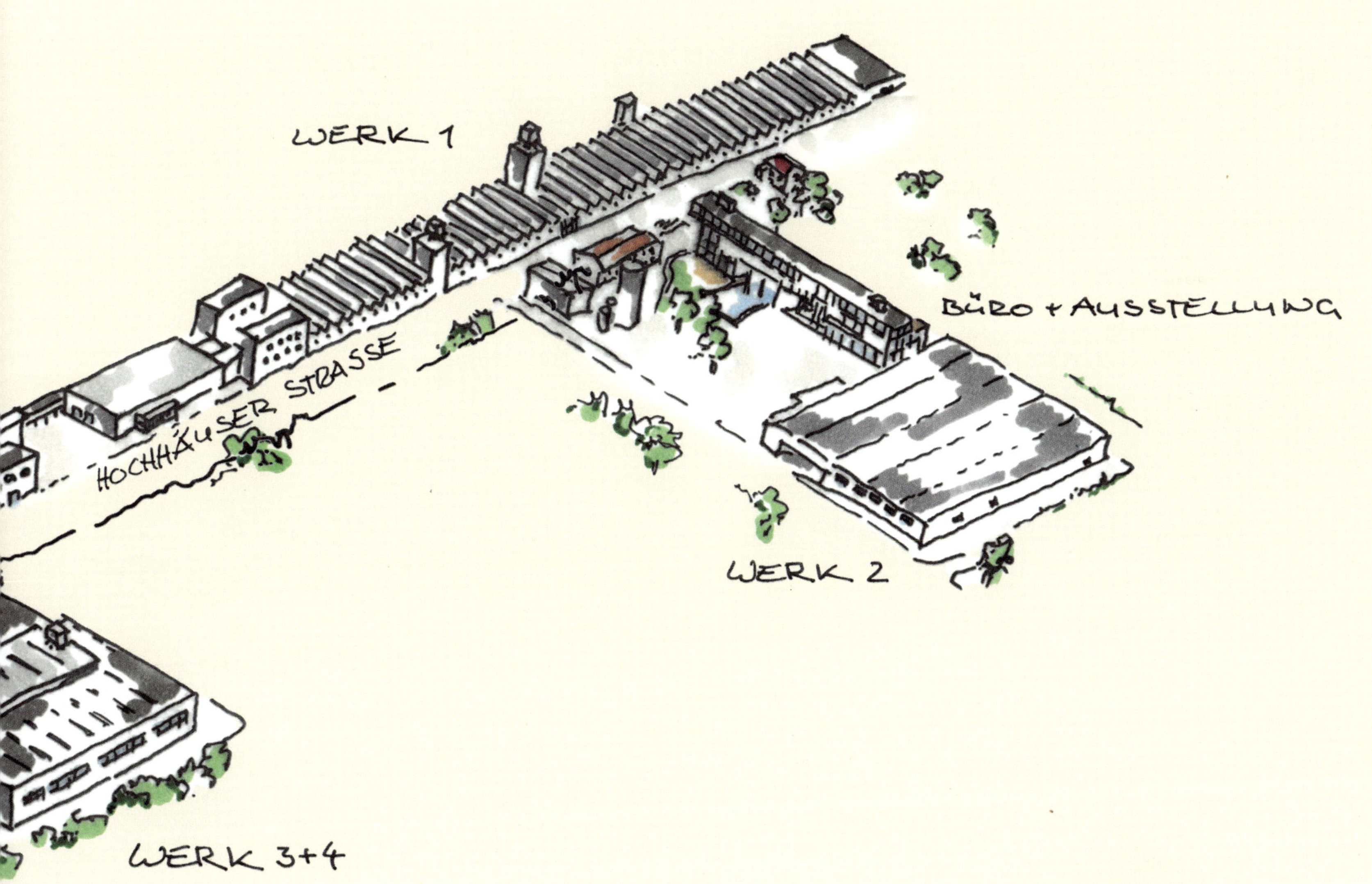

Lageplan der VS
Gerd Röser, 2023

Abbildungen

Umschlag vorn im Uhrzeigersinn:
Klassenzimmer, VS-Möbel, 1965
Schulmöbel, Entwurf Richard Riemerschmid, PJM-Katalog, 1906
VS, Werk 1 nach der Restaurierung, 1992
VS, Stahlrohrschlosserei, 1948

S. 2: Bewegtes Sitzen: Hokki, Design John Harding, VS-Katalog, 2010

Umschlag Rückseite:
VS-Produkte im Zeitstrahl

Abbildungsnachweis:
Archiv der Vereinigten Spezialmöbelfabriken VS bis auf:
Frank Fontana: S. 59
Dietmar Henneka: S. 58 oben, 63, 65 oben
Werner Huthmacher: S. 83
Rudergesellschaft Wiking, Berlin: S. 6
© I. Schmitt-Menzel / WDR mediagroup GmbH Werner: S. 65
SPD-Archiv, Berlin: S. 19 unten
Stiftung Deutsche Kinemathek, Berlin: S. 19 oben
Ullstein-Bilderdienst, Berlin: S. 23 unten rechts

Die Autoren haben sich nach besten Kräften bemüht, die erforderlichen Reproduktionsrechte für alle Abbildungen einzuholen.
Für den Fall, dass etwas übersehen wurde, sind wir für Hinweise dankbar.

Impressum

Texte	Thomas Müller, Philipp Müller
Gestaltung	Nicolaus Ott, Berlin
Lektorat	Christian Weller, Berlin
Korrektorat	Anke Schild, Hamburg
Assistenz	Dietmar Speuser, Caroline Förster, VS
Druck und Bindung	Graspo, Zlín, Tschechische Republik

Bibliografische Angaben der Deutschen Nationalbibliothek:
Die Deutsche Nationalbibliothek verzeichnet diese Publikation in der Deutschen Nationalbibliografie; detaillierte bibliografische Angaben sind im Internet über https://www.dnb.de abrufbar.

Weisse + Zohlen Verlag GbR, Berlin
+49 173 867 2233
+49 179 480 2134

ISBN 978-3-9825814-1-5